职业教育校企合作精品教材

网店运营

主编 沈 钦 宋庆东

电子工业出版社
Publishing House of Electronics Industry
北京·BEIJING

内 容 简 介

本书是以校企合作为前提，根据电子商务网店运营管理人才需求，结合现代教学规律编写的项目式实用教材。本书以具体工作项目为载体，以任务为学习和实训的基本单元，包括网店运营岗位认知、网店经营前期准备、开设网店、装饰网店、网店推广与营销、网店客户服务与管理 6 个项目，以任务为导向，并加以工作情境下的任务实训。同时，本书通过本节任务、课后思考与练习等形式，帮助学生更好地掌握电子商务网店运营管理的职业能力与技巧。

本书从理论到实践，通过多个由浅入深的任务实施，引领学生逐步掌握电子商务网店运营管理的基础知识和技能，用通俗易懂的语言，通过许多真实生动、内容丰富、步骤清晰的任务案例，帮助学生提高学习效率和扩展知识结构。

本书既可作为职业院校电子商务专业的教学用书，也可作为相关专业人员的参考用书。

未经许可，不得以任何方式复制或抄袭本书之部分或全部内容。

版权所有，侵权必究。

图书在版编目（CIP）数据

网店运营 / 沈钦，宋庆东主编. —北京：电子工业出版社，2022.10

ISBN 978-7-121-36328-3

I. ①网… II. ①沈… ②宋… III. ①电子商务—商业经营—中等专业学校—教材 IV. ①F713.36

中国版本图书馆 CIP 数据核字（2019）第 069063 号

责任编辑：罗美娜
印　　刷：北京虎彩文化传播有限公司
装　　订：北京虎彩文化传播有限公司
出版发行：电子工业出版社
　　　　　北京市海淀区万寿路 173 信箱　邮编　100036
开　　本：880×1 230　1/16　印张：11.75　字数：300.8 千字
版　　次：2022 年 10 月第 1 版
印　　次：2025 年 1 月第 6 次印刷
定　　价：49.80 元

凡所购买电子工业出版社图书有缺损问题，请向购买书店调换。若书店售缺，请与本社发行部联系，联系及邮购电话：(010) 88254888，88258888。

质量投诉请发邮件至 zlts@phei.com.cn，盗版侵权举报请发邮件至 dbqq@phei.com.cn。

本书咨询联系方式：(010) 88254617，luomn@phei.com.cn。

河南省中等职业教育校企合作精品教材

出版说明

为深入贯彻落实中共中央办公厅、国务院办公厅印发的《关于推动现代职业教育高质量发展的意见》精神，我们在深入行业、企业、职业院校调研的基础上，经过充分论证，按照校企"1+1"双主编与校企编者"1∶1"的原则要求，组织职业院校一线骨干教师和行业、企业专家，编写了河南省中等职业教育校企合作精品教材。

本套校企合作精品教材是基于"岗课赛证"综合育人机制，按照生产实际和岗位需求设计的教材体系及内容，注重提升学生实践能力。教材主要特点体现在：一是注重与行业企业的联系，实现专业课程内容与职业标准对接，学历证书与职业资格证书对接，将"新技术、新工艺、新规范、典型生产案例"及时编入教材，使教材内容更具有前瞻性、针对性和实用性；二是反映技术技能型人才培养规律，把职业岗位需要的技能、知识、职业素养有机地整合到一起，真正实现教材由以知识体系为主向以技能体系为主的跨越；三是教学过程对接生产过程，充分体现"做中学，做中教""做、学、教"一体化的职业教育教学特色；四是以全国职业院校技能大赛的考核点为切入点，设计教材内容，将技能考核点分解到各个项目任务中，全面提高学生综合实践能力。我们力争通过本套教材的出版和使用，为全面推行"校企合作、工学结合、产教融合"人才培养模式的实施提供教材保障，为深入推进职业教育校企合作做出贡献。

在这套校企合作精品教材的编写过程中，校企双方编写人员力求体现校企合作精神，努力将教材高质量地呈现给广大师生，由于本次教材编写进行了创新，书中难免会存在不足之处，敬请读者提出宝贵意见和建议。

河南省教育科学规划与评估院

前言

伴随着电子商务的超高速发展,对电子商务领域相关人才的需求也呈现井喷状。据有关数据显示,未来10年,我国电子商务领域相关人才的需求仍然旺盛,电子商务行业的相关岗位也对人才的需求提出了新的要求。鉴于此,我们在第一版的基础上,改编了《电子商务网店经营与管理》。

本次改编,为了与目前电子商务企业的人才需求紧密结合,首先,将书名改为《网店运营》;其次,调整了书中的部分内容,将整本书的内容调整为网店运营岗位认知、网店经营前期准备、开设网店、装饰网店、网店推广与营销、网店客户服务与管理6个项目;再次,更换了部分案例和开店的平台,在一定程度上提高了本书的适用性;最后,为了提高学生的实际操作能力,本书调整了部分理论内容与实训内容的课时(见下表)。

本书教学课时建议:总课时72课时。在教学过程中可参考如下课时分配表。

项 目	课程内容	课时分配		
		讲 授	实 训	合 计
项目1	网店运营岗位认知	4		4
项目2	网店经营前期准备	4	6	10
项目3	开设网店	4	10	14
项目4	装饰网店	4	8	12
项目5	网店推广与营销	6	10	16
项目6	网店客户服务与管理	6	10	16
合 计		28	44	72

本书由河南省职业技术教育教学研究室组编,由沈钦、宋庆东担任主编,王丽、冯俊芹、张超担任副主编,刘晨、闫锦、申秋宇、吴明涛、张培锦、张海利也参与了本书的编写,由于编者水平有限,书中错误和不妥之处在所难免,恳请广大师生和读者批评指正。

编 者

目录

项目 1　网店运营岗位认知 ……………………………………………………… 001

　　任务 1　网店运营岗位的工作内容 ……………………………………………… 002
　　　　　本节任务 ………………………………………………………………… 002
　　　　　课后思考与练习 ………………………………………………………… 002
　　任务 2　网店运营岗位的从业要求 ……………………………………………… 003
　　　　　本节任务 ………………………………………………………………… 005
　　　　　课后思考与练习 ………………………………………………………… 005
　　本项目知识回顾 …………………………………………………………………… 005

项目 2　网店经营前期准备 ……………………………………………………… 006

　　任务 1　开展前期调研 …………………………………………………………… 007
　　　　　本节任务 ………………………………………………………………… 014
　　　　　课后思考与练习 ………………………………………………………… 014
　　任务 2　网店定位 ………………………………………………………………… 014
　　　　　本节任务 ………………………………………………………………… 022
　　　　　课后思考与练习 ………………………………………………………… 022
　　任务 3　确定网店的经营模式 …………………………………………………… 023
　　　　　本节任务 ………………………………………………………………… 027
　　　　　课后思考与练习 ………………………………………………………… 028
　　任务 4　选择开设网店的平台 …………………………………………………… 028
　　　　　本节任务 ………………………………………………………………… 031
　　　　　课后思考与练习 ………………………………………………………… 031
　　任务 5　网店规则 ………………………………………………………………… 032
　　　　　本节任务 ………………………………………………………………… 036

　　　　课后思考与练习···036
　项目实训···037
　本项目知识回顾···039

项目3　开设网店···040

　任务1　做好开店前的准备···041
　　　　本节任务···044
　任务2　制订商品价格体系···045
　　　　课后思考与练习···045
　任务3　注册网店···046
　　　　本节任务···051
　　　　课后思考与练习···051
　任务4　选择商品货源··052
　　　　本节任务···058
　　　　课后思考与练习···059
　项目实训···059
　本项目知识回顾···061

项目4　装饰网店···063

　任务1　描述和发布商品···064
　　　　本节任务···080
　　　　课后思考与练习···080
　任务2　设置网店版面··081
　　　　本节任务···090
　　　　课后思考与练习···091
　任务3　制作和发布动态店标···091
　　　　本节任务···100
　　　　课后思考与练习···101
　任务4　手机端网店装修···101
　　　　本节任务···105
　　　　课后思考与练习···105
　项目实训···105
　本项目知识回顾···107

项目 5　网店推广与营销 ·· 109

任务 1　制订网店推广与营销方案 ··· 110
  本节任务 ··· 113
  课后思考与练习 ·· 113

任务 2　平台内营销策划 ·· 114
  本节任务 ··· 118
  课后思考与练习 ·· 119

任务 3　微信推广 ··· 119

任务 4　SEO 推广 ·· 121
  本节任务 ··· 124
  课后思考与练习 ·· 125

任务 5　其他营销推广 ··· 125
  本节任务 ··· 130
  课后思考与练习 ·· 131

项目实训 ··· 131
本项目知识回顾 ·· 132

项目 6　网店客户服务与管理 ·· 134

任务 1　网店客服概述 ··· 135
  本节任务 ··· 137
  课后思考与练习 ·· 137

任务 2　售前客服 ··· 137
  本节任务 ··· 150
  课后思考与练习 ·· 150

任务 3　售后客服 ··· 150
  本节任务 ··· 164
  课后思考与练习 ·· 164

任务 4　网店客户关系管理和维护 ·· 166
  本节任务 ··· 173
  课后思考与练习 ·· 173

项目实训 ··· 174
本项目知识回顾 ·· 176

项目 1

网店运营岗位认知

项目任务

　　随着电子商务的快速发展，电子商务相关的行业规模也急速扩张，行业间的竞争也达到了白热化的程度，一家运营良好的网店，必须有一名"统帅"，即网店运营，负责网店的整体运营。要想成为一名成功的网店运营，必须了解什么是网店运营、网店运营的岗位职责，并具备网店运营应具备的基本技能，这也是本项目的主要内容。

本项目需要学习和完成以下任务：

任务1　网店运营岗位的工作内容

任务2　网店运营岗位的从业要求

任务1 网店运营岗位的工作内容

任务目标

了解网店运营岗位的工作内容。

知识储备

在电子商务高速发展的时代，网店竞争达到白热化的程度，只有网店拥有经验丰富的网店运营，才有机会逐步发展，实现经济效益逐渐增长。因此，网店运营不仅责任重大，也更需要具备各种能力，那么网店运营的工作内容是什么？这将在本任务中进行讲解。

对一家网店而言，它发展的好坏直接和网店运营的能力有直接关系。因为，网店运营处于核心领导地位，他直接领导客服、市场、采购等部门，关系网店的发展。

结合各电子商务公司对网店运营的职位描述，网店运营的工作内容主要有以下几项。

（1）负责网店的总体运营，策划网店及产品推广方案，组织产品销售、制单、发货、售后等营销工作。

（2）每日监控以下数据：营销数据、交易数据、客户管理、优化网店及商品排名。

（3）协调团队成员，监督客服与美工的工作，推进网店营销活动，保持网店的正常运作。

（4）负责执行与配合营销活动，策划网店促销活动方案。

（5）制订销售计划，带领和管理本团队成员出色地完成销售业绩目标。

（6）制订网店推广方案与计划，并协同团队成员共同完成。

本节任务

小组合作，利用互联网，通过调查各大招聘网站，总结分类网店运营的具体工作岗位与内容有哪些，并制作成表格。小组展示分享，师生共同学习。

课后思考与练习

简答题

网店运营的工作内容有哪些？

任务 2　网店运营岗位的从业要求

任务目标

1. 理解网店运营岗位的从业技能。
2. 培养良好的职业操守。

知识储备

网店运营想要带领整个团队，使网店的销售额及效益达到同行业的最佳水平，除要具备实战经验外，还必须具备扎实的运营技能，并具备电子商务从业人员的职业操守。

1. 网店运营岗位的从业技能

通过网络招聘及实地考察电商企业，综合各个电子商务企业、网店对网店运营的招聘要求，可以总结并分析出从事网店运营工作必须具备以下几项基本技能（以淘宝网、天猫平台为例）。

1）平台日常运营管理的技能

（1）熟悉淘宝网/天猫平台运营规则、网店后台各个功能。

（2）能够对商品标题、关键字、图片进行恰当的优化处理。

（3）熟知消费者的心理需求，并具备对应商品详情页描述文案包装的能力。

（4）熟练掌握淘宝网/天猫平台类目及搜索规律和规则。

（5）具备分析同行运营情况及市场最新动态的能力。

（6）具备运用淘宝网及网店自带软件，对网店进行常规性的优化及检测的能力。

（7）具备营销与审美相结合的能力，对网店装饰美化提出指导性意见。

（8）能够对网店的商品及结构、商品类别比例进行恰当的控制。

（9）具备一定的操作常用设计软件、编辑网页代码的能力。

（10）具备把控网店年度运营节奏的能力。

（11）具备无线端的运营能力。

2）网店推广策划的技能

（1）熟悉直通车、钻石展位、淘宝客的操作规则，并能对其优化。

（2）熟悉站外引流工具。

（3）能够熟练进行店内活动（增加转换率与客单价，促进关联销售）的策划和实施。

（4）能够熟练进行交易平台促销活动（增加网店曝光率及新顾客）的策划和实施。

3）数据运营的能力

（1）熟练使用数据魔方。

（2）熟练使用生意参谋。

（3）熟悉客户关系管理的管理与运用。

（4）具有数据化营销思维。

4）其他能力

（1）具备一定招募与管理分销商的能力。

（2）具备一定操作京东、唯品会、1号店及其他B2C（卖家销售给个人）平台、后台功能的能力。

（3）具备全局观念，有较好的沟通能力、执行能力、协调能力、问题解释能力及抗压能力。

2. 网店运营的职业操守

任何一个行业的从业人员都应该具有良好的职业道德，并具备良好的职业操守，网店从业人员也应如此。网店运营属于电子商务人员，网店运营人员的从业标准可以以《中国电子商务师职业资格证书》中的规定为依据。

（1）坚持原则，忠于职守。

职业道德的一条主要规范就是忠于职守。作为电子商务人员，忠于职守就是要忠于电子商务这个特定的工作岗位，自觉履行电子商务人员的各项职责，要有强烈的事业心和责任感，坚持原则，注重社会主义精神文明建设，反对不良思想和作风。

（2）求实务新，勤劳踏实。

电子商务的工作性质决定了其从业人员不仅要在理论上有一定的造诣，还要具有实干精神，能够脚踏实地、埋头苦干、任劳任怨，能够围绕电子商务开展各项活动。

（3）谦虚谨慎，秉公办事。

电子商务人员要谦虚谨慎、办事公道，对领导和群众都要一视同仁，秉公办事，平等相待。切忌因人而异、亲疏有别，更不能趋附权势。只有谦虚谨慎、公道正派的电子商务人员，才能做到胸襟宽广，在工作中充满朝气和活力。

（4）廉洁奉公，正直诚信。

廉洁奉公是电子商务活动能够正常进行的重要保证。廉洁奉公是高尚的道德情操在职业活动中的重要体现，是电子商务人员应有的思想道德品质和行为准则；它要求电子商务人员在职业活动中坚持原则，不利用职务之便或假借领导名义谋取私利；要以国家、人民和本单位的整体利益为重，自觉奉献，不为名利所动，正直诚信，以自己的实际行动抵制和反对不正之风。

（5）恪守信用，严守机密。

电子商务人员必须恪守信用，维护企业的商业信用，维护自己的个人信用；要遵守诺言，遵守时间；言必信，行必果。严守机密是电子商务人员的重要素质。

（6）实事求是，端正思想。

电子商务人员要坚持实事求是的工作作风，一切从实际出发，理论联系实际。电子商务人员无论是收集信息、提供意见还是拟写文件，都必须端正思想，坚持实事求是的原则。

（7）提升自我，勤奋学习。

电子商务人员要有广博的知识，做"通才"和"杂家"。电子商务人员对自身素质的要求应更严格、更全面，甚至更苛刻一些。因此，电子商务人员必须勤奋学习、刻苦钻研，努力提高自身的思想素质和业务水平。

本节任务

结合自身的特点、兴趣，对自己进行一个初步的工作规划，如果自己要成为一名网店运营，还缺少哪些必备的技能？准备如何进行学习？

课后思考与练习

简答题

1．一名网店运营应具备哪些职业技能？
2．一名网店运营应养成哪些职业操守？

本项目知识回顾

本项目主要学习网店运营岗位的工作内容和网店运营岗位的从业要求。

在本项目中，利用互联网，通过调查各大招聘网站来总结、分类网店运营的具体工作岗位与内容等。

项目 2

网店经营前期准备

项目任务

经营一家网店前的准备工作很复杂。首先需要了解市场状况，目前什么行业、什么商品最具市场竞争力，价格标准如何，哪些客户群体比较有潜力，哪些区域产品市场前景比较大等，这些都是需要通过市场调查才能了解的信息。了解了这些内容后，还要确定具体销售哪些类目的产品，是单独销售一种产品还是同时销售几种产品，各种产品如何定价，产品和网店的具体风格如何等，也就是要做好产品与网店的定位，确定自己的网店在电子商务行业中的位置。确定了这些烦琐的内容后，最后还要确定自己的网店通过何种模式获得盈利，是自己批发、零售还是帮其他网店做分销，或者实体店与网店同时销售，又或者做品牌专卖。

在本项目中，通过学习以上内容，掌握网店经营前期准备工作的技能。

本项目需要学习和完成以下任务：

任务1　开展前期调研

任务2　网店定位

任务3　确定网店的经营模式

任务4　选择开设网店的平台

任务5　网店规则

任务1 开展前期调研

任务目标

1. 了解网店开设前期调研的主要步骤和方法。
2. 了解网店开设前期调研的主要内容。
3. 能够使用互联网进行资料搜索。
4. 能够对调研获得的资料进行分析和整理。
5. 能够独立编写市场调研报告。

知识储备

随着电子商务的不断发展，个人网店开设已经成为一种热潮。但是，在网店开设之前还有很多工作要做。

案例分享

小灿的烦恼

小灿一直想开一家自己的网店，但是他感觉无从下手。开什么网店比较赚钱呢？在哪里开比较好呢？具体销售哪些产品呢？这些最基本的问题他都无从回答。因此他决定咨询一些有经验的朋友，这些朋友在各大电子商务平台开设了自己的网店，生意一直不错，在淘宝网销售电子产品的小李就是其中之一。

小李介绍，在网店开设之前一定要了解市场情况，不能贸然进驻电子商务平台。他在网店开设之前就花了很长时间在网上搜索相关信息，了解到现在各大电子商务平台电子产品的销售市场都很大，其中京东商城的电子产品最受消费者青睐，但是京东商城支持的是B2C的模式，也就是只有卖家才能进驻，要想个人网店开设，最好还是在淘宝网和拍拍网。通过调研，他发现淘宝网上销售电子产品的卖家很多，特别是销售手机和计算机的卖家，但是销售电玩类产品的卖家并不多，而且很多都不提供售后服务，因此他决定开一家以电玩为主导产品的网店。通过大力推广，半年下来，他的网店已经发展得相当稳定了。

小灿这才知道，在开店之前最先要做的应该是进行前期调研，了解市场情况，给自己找准方向。

通过这个案例，我们可以了解到，网店开设不能随心所欲、异想天开，要经过周密的调研，获得详细的资料，通过对这些资料的分析和整理我们才能了解目前的市场状况，从而为网店经营找准方向。因此,本任务将学习如何进行网店开设前期调研。

1. 了解网店开设前期调研的步骤

网店开设前期调研主要有以下四个步骤。

第一步:明确调研问题。

这是首先要弄清楚的。一般来说,我们要开设网店,心里的疑问就是我们调研的主要问题。一般的问题有:我应该开设一个什么行业的网店?可以销售这个行业的哪些产品?目前市场上哪些类似的网店比较出名?在哪个电子商务平台上开设网店比较好?开设网店的具体步骤和要求有哪些?等等。

第二步:收集相关资料。

确定了调研的主要问题之后,就要开始正式调研了。开始正式调研时要围绕上一步的问题收集相关资料。

第三步:资料整理和分析。

我们收集的大量数据和资料,有些是有用的,有些是无用的,有些是需要自己再进行分析的,我们要将所有的资料进行分类整理并进行深入分析,得出关键的和有用的信息。

第四步:编写调研报告。

编写调研报告的目的是将所有的信息有效地进行罗列,使信息更有逻辑性。同时也要得出调研的主要结论,这些结论就是前期调研的结果,对网店的开设具有非常大的参考价值。

2. 查找相关资料

要想了解目前哪些产品在电子商务市场上具有前景,就需要大量收集相关的市场信息。收集这些信息有很多途径,如从各大网站或媒体、期刊上搜索资料、咨询相关人士、进行问卷调研等,但是由于客观条件的限制,我们很难找到非常了解市场情况的专业人士去咨询情况,也很难通过个人在大范围内展开问卷调研来获得资料,因此,最有效的获得信息的手段就是通过各种媒介搜索资料。

1)收集网络资料

可以通过各种搜索引擎来搜索想要的资料。目前主流的搜索引擎有百度、Google 等,通过关键字搜索可以获得各种数据和资料。但是我们很难判断哪些资料是有用的、真实的,哪些是过时的、错误的。因此,收集网络资料时需要我们有去伪存真、辨识真假的能力。

 课堂讨论

你还知道哪些常用的搜索引擎呢?你会在搜索引擎中搜索资料吗?

补充知识

一、百度高级搜索技巧

1．输入多个词语搜索

输入多个词语搜索（不同字词之间用一个空格隔开），可以获得更精确的搜索结果。

例如，想了解网店运营相关的信息，在搜索框中输入"网店运营 职位"获得的搜索效果会比输入"网店运营"得到的结果更好。

在百度搜索查询时不需要使用符号"&"或"+"，百度网站会在多个以空格隔开的词语之间自动添加"+"。

百度搜索会提供符合全部查询条件的资料，并把相关度最高的网页排在前列。

2．排除无关资料

有时排除含有某些词语的资料有利于缩小查询范围。

百度搜索支持"-"功能，用于有目的地排除某些无关网页，但减号之前必须留一个空格。

3．并行搜索

使用"A|B"来搜索或包含词语 A，或者包含词语 B 的网页。

例如，要查询"图片"或"写真"相关的资料，则无须分两次查询，只要输入"图片|写真"搜索即可。百度搜索会提供与"|"前后任何字词相关的资料，并把相关度最高的网页排在前列。

4．相关检索

如果无法确定输入什么词语才能找到满意的资料，则可以试用百度搜索相关检索。

首先可以输入一个简单词语搜索，然后百度搜索引擎会提供"其他用户搜索过的相关搜索词语"供参考。

二、百度高级命令

1．index 命令

例如，在关键词输入框中输入"index of MP3"，选择回车键搜索，会得到一些网页，它们是一些 MP3 网站的资源列表。

2．intitle 命令

intitle 命令表示后接的词限制在网页标题范围内。

例如，查找明星的个人资料页。一般来说，明星资料页的标题通常是明星的名字，而在页面上会有"姓名""身高"等词语出现，例如查找林青霞的个人资料，就可以用"林青霞 姓名 身高"来查询。而由于明星的名字一般在网页标题中出现，因此，更精确的查询方式可以是"姓名 身高 intitle：林青霞"。

3. site 命令

site 命令用于限制在某一网站内搜索。site 命令把搜索范围局限在这些网站内，以提高搜索效率。

4. filetype 命令

filetype 命令用于对搜索对象的文件类型做限制，冒号后是文档格式，如 PDF、DOC、XLS 等。

很多情况下，我们需要查找权威性的、信息量大的专业报告或论文。例如，我们需要了解中国互联网的状况，就需要查找一个全面的评估报告，而不是某记者的一篇文章；如果需要对某个学术问题进行深入研究，就需要找这方面的专业论文。找这类资源时，除构建合适的关键词外，还需要了解一点，那就是重要文档在互联网上存在的方式往往不是网页格式，而是 Office 文档或 PDF 文档。Office 文档我们都熟悉，PDF 文档也许有的人并不清楚。PDF 文档是 Adobe 公司开发的一种图文混排电子文档格式，能够在不同平台上浏览，是电子出版业的标准格式之一。多数上市公司的年报就是用 PDF 制作的。很多公司的产品手册也以 PDF 格式放在网上。

例如，"霍金 黑洞 filetype:pdf"。

5. inur 命令

inur 命令用于限定在 URL 中搜索。URL 的全称是 Uniform Resource Locator，中文译为"统一资源定位器"，就是地址栏里的内容。

例如，"http://www.baidu.com""http://news.sina.com.cn"使用的格式是："inurl: ×××""inurl: ×××关键词""关键词 inurl: ×××"（×××可以是任何字符）。

（1）"inurl: ×××"的作用是命令搜索引擎查找 URL 中包含×××的网页。例如，"inurl:news"。

（2）"inurl: ×××关键词"或"关键词 inurl: ×××"两者的意义一样，都是要搜索引擎查找满足下面两个要求的网页：① URL 中包括×××；② 网页中含有关键词。例如，"cnkikw inurl:sanzhiyu.php"的意思为网页正文中包含"cnkikw"，URL 中有"sanzhiyu.php"。

通常情况下，任何网站的 URL 都不是随意设置的，都是经过一番考虑，有一定用意的。在很多地方，URL 链接和网页的内容有着密切的相关性。所以，可以利用这种相关性来缩小范围，快速准确地找到所需信息。

另一种收集网络资料的方法，也是帮助我们辨识所得资料真假的方法，就是到各大电子商务网站去搜索相关产品的信息。例如，到淘宝网去搜索家电产品，并选择相应的排列方式（销售额、销售数量、地区、价格等），就可以获得产品或行业的基本信息。这样就可以自己判断目前哪些行业的产品畅销，哪些产品目前供不应求，哪些产品目前已经过剩，哪些区域销售这些产品的网店比较多等信息。

 **补充知识**

淘宝网的导航

在淘宝网上开店首先可以通过淘宝网首页的导航定位行业，收集并整理淘宝网的各种时尚热销的精品，女装、男装、女鞋、箱包饰品、数码、美容护肤用品等都是近期热门商品，无论是销售额还是销售数量，都名列前茅。这种网站导航的特色是：①人工收集淘宝各类网店，包括品牌旗舰店、100%好评店、大码男女装店、各类代购店、品牌专卖店、商城网店等，方便了各种需求的用户；②分类非常详细，把所有用户找不到或不知道怎么找的淘宝网店及行业都逐一罗列出来，一目了然，这样既让大家节省了时间，又能让大家买到好的商品；③很多页面都是淘宝网提供的，图片丰富，展示效果更好，可以供广大用户选择和参考。

2）收集外部资料

外部资料指的是除网络之外的资料，这些资料也很多，如政府机关的统计资料、业界和团体资料，以及从新闻报道和期刊上获得的资料。这些资料往往也是非常可靠的、即时的，可以为我们提供非常有效的参考。

3．整理和分析资料

收集到大量资料之后，我们就要开始对这些资料进行整理和分析了。这并不是一项简单的工作，需要如下几个步骤。

1）资料的整理

资料的整理是指将获取和存储的信息条理化和有序化，其目的在于提高信息的使用价值和提取效率。一般来说，资料的整理需要经过以下几个步骤。

第一步：明确信息的来源。

也就是说，我们要为每条资料和信息标注好来源，如网址和网站，以方便我们后期进行核对。

第二步：浏览信息，添加文件名。

对于一些下载和搜索的文件，我们要在浏览后根据其内容为其取一个方便了解其内容的文件名。

第三步：信息分类。

分类的方法有很多，可以根据专题来进行分类，也可以根据要了解的每个问题进行分类。例如，可以将这些资料分成平台介绍、行业分类、产品信息等文件夹。当然，在每个一级文件夹下面还可以根据进一步的分类来设立二级、三级文件夹。

第四步：初步筛选。在浏览和分类的过程中，可以删除那些没有用的或已经过时的信息。有些信息初看可能没用，但是结合在一起也许就是有价值的，所以最好在浏览完所有的文件之后再进行初步筛选。

2）资料的分析

对于通过各种手段收集来的资料，我们已经进行了整理，接下来就要进行分析了。分析就是对信息进行加工，这个过程远比整理的过程要复杂，它往往加入了加工者的智慧。

资料分析的方法主要有两种，即定性分析和定量分析。

（1）定性分析。

定性分析主要是根据分析者以往的经验来确定资料的结论。这个过程一般有比较、归纳、理解、推理、总结等过程。最终根据现有的资料推理、总结出一些比较有用的信息，为以后的决策提供参考。

（2）定量分析。

定量分析较为复杂，它一般需要很多的数据作为分析的基础，且分析的过程是使用分析工具的过程，一般常用的分析工具有 Excel、SPSS 等软件。一般比较简单的分析方法有计算平均数、计算总和等，比较复杂的分析方法有分析离散度、时间序列分析、统计预测等。

在进行定量分析时，常常会用到各种图表。图表可以非常形象地表示出数据的特征。常用的图表有圆饼图（经常用来描述各种数据所占的比例）、柱形图（表现各数据的大小与变动）、线性图（表现数据的大小与变动）等，圆饼图和线性图的示例分别如图 2-1 和图 2-2 所示。

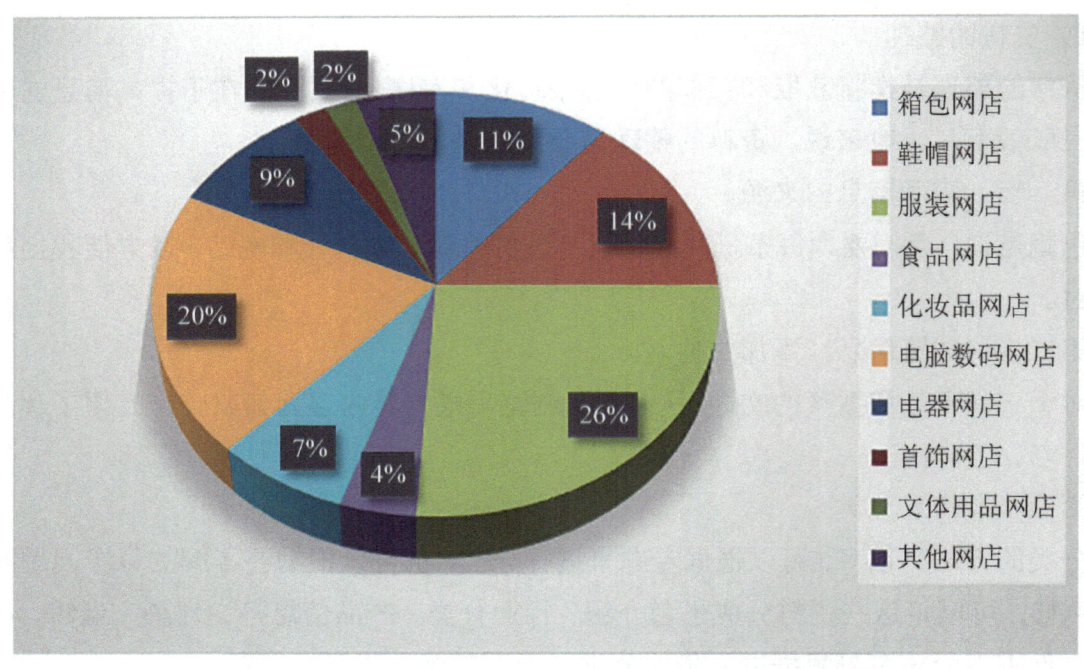

图 2-1 圆饼图示例

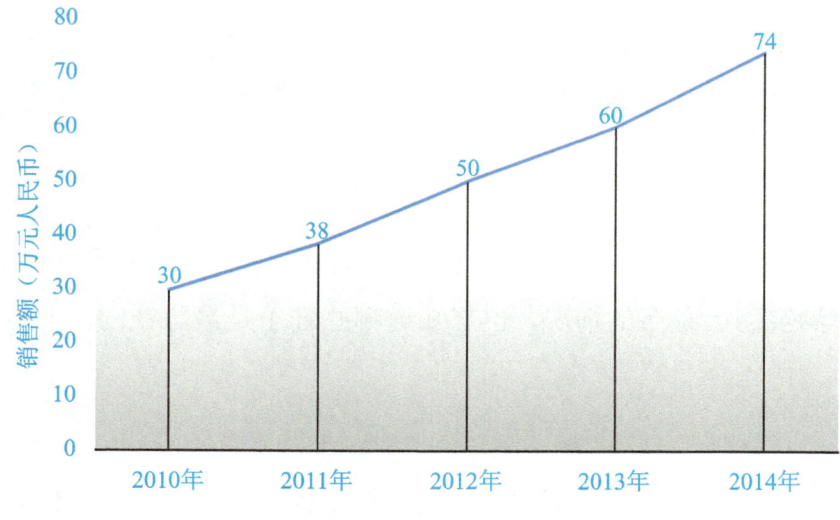

图 2-2　线性图示例

 课堂讨论

你还知道哪些定量分析的图表？你会使用 Excel 制作这些图表吗？

4. 编写调研报告

在对数据进行整理和分析后，就需要对所有的过程制作一个总结性的调研报告，以使整个调研更有条理、更加完善。

严格地讲，调研报告是有一定的格式和结构的。调研报告的格式通常如下。

1）标题

标题用于显示本调研报告的主要内容。例如，"电子商务市场调研报告""手机市场调研报告""母婴用品电子商务市场调研报告"等。

2）目录

目录用于显示报告包含的主要内容，即有哪些模块。

3）概述

概述是为了让别人了解本调研报告的初衷及大概的背景、通过什么方式获得哪些重要的结果等。

4）调研报告的正文

调研报告的正文是调研报告的主体，主要包含背景介绍、调研的主要内容、问题阐述、原因介绍、分析结果及建议等内容。

5）附录

附录是对报告正文的补充说明，如相关的调查问卷、背景材料等。

网店运营

▪▪▪▪▪▪▪▪▪▪▪▪▪ **本节任务** ▪▪▪▪▪▪▪▪▪▪▪▪▪

任务背景

小王一直想在淘宝网上开一家自己的鞋店,但是他不知道现在淘宝网上的鞋店是否很赚钱。他想了解淘宝网上鞋店的情况,也想知道哪些鞋子是最赚钱的。于是,他开始了网店的前期调研。

任务要求

根据任务背景,自己设定调研的问题,然后搜索相关资料,并进行整理和分析,制作一篇简单的调研报告。要求调研的问题不少于三个,调研报告必须符合格式要求。

▪▪▪▪▪▪▪▪▪▪▪▪▪ **课后思考与练习** ▪▪▪▪▪▪▪▪▪▪▪▪▪

一、名词解释

定性分析　定量分析　问卷调查　搜索引擎

二、简答题

1. 资料收集的方法有哪些?
2. 调研报告的格式通常是什么样的?

三、填空题

1. 网店开设前期调研主要有以下四个步骤:＿＿＿＿、＿＿＿＿、＿＿＿＿、＿＿＿＿。

2. 资料分析的方法包括＿＿＿＿、＿＿＿＿。

任务2　网店定位

任务目标

1. 了解网店定位的含义及内容。
2. 掌握网店定位的常用方法。
3. 能够根据市场情况选择合适的产品。
4. 能够根据市场情况选择合适的网店定位。

知识储备

无论你想开什么样的网店，首先你都要清楚：产品的销售对象是谁？怎么销售产品？销售和别人一样的产品还是销售与众不同的产品？这些看似简单的问题关系整个网店的经营状况和发展方向。

> **案例分享**
>
> **A 店的转型**
>
> A 店于 2011 年进入淘宝网，当初店主决定销售服装，包括不同年龄段的多种风格的服装，同时也销售一些装饰品，包括腰带、帽子、手链等，但是这样的杂货服装铺的销售形式并没有使店主盈利。短短半年，他亏损了近 20 万元人民币。为了扭转局面，店主决定重新定位自己产品的市场。经过两个月的调研，店主发现在淘宝网上各种风格、年龄段的服装都有人专门销售，自己的网店根本无法快速抢占市场，但是目前专门针对大码职业女装的网店在网上很少见，于是店主当机立断，转型做大码职业女装，同时也销售与大码职业女装配套的配饰，不到三个月，其销售量直线上升，最终成为黄钻卖家。
>
> 该店主能够及时给自己服装店的产品做好市场定位，确定差异化的定位模式，将受众人群由所有女性缩小为特定的职业女性，这种对市场的逐步细分不仅没有使消费群体受限，反而逐渐培养了自己的忠实客户，这就是市场定位做得好的案例。

通过上面的案例，我们了解到在网店开设之前要做好网店的定位及产品的选择。本任务将会学习这些知识和技能。

1. 进行行业市场分析™

在确定开设网店之前，必须对整个电子商务市场进行了解，并分析将要进入的行业经营概况。

例如，以销售女装的行业为例，如图 2-3 所示，利用百度指数搜索"女装"这一关键词，其搜索指数在 2011—2018 年整体呈增长的趋势，可以看出人们通过网络方式购买女装的人数也是逐年增长的，同时也说明了供需关系。

现如今，网购已经成为人们的一种购物习惯，而女性是网购的主力军，经营女装的网店有庞大的潜在客户群，市场潜力巨大。但女装也有很多种类，究竟经营哪一类女装才能在众多网店中脱颖而出，能够让消费者记住自己的网店，这就需要进行准确的网店定位。

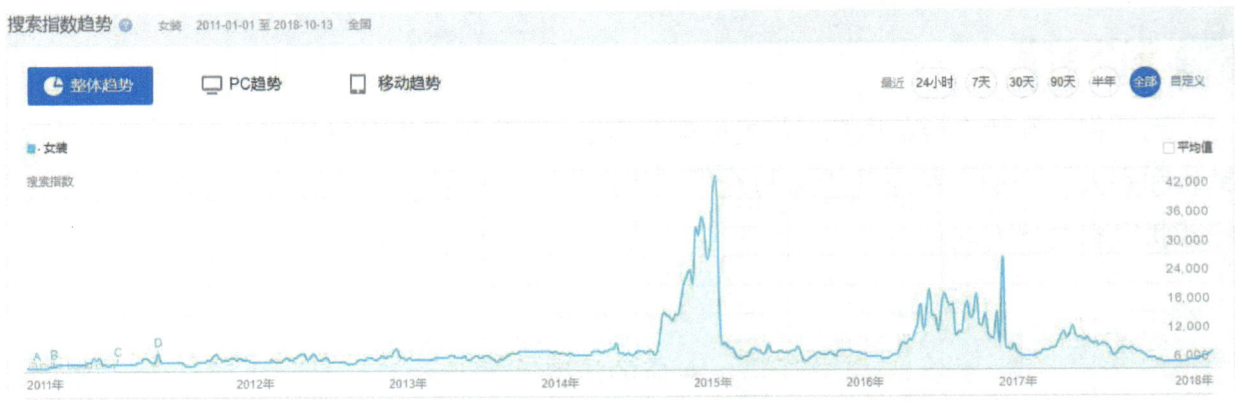

图2-3 百度指数搜索"女装"关键词指数趋势

2. 确定网店定位

电子商务的市场是巨大的,很多网店及产品推出之后很快就被淹没在电子商务市场浩瀚的海洋中。例如,你在淘宝网上开了一家鞋店,专卖真皮女鞋,但是消费者到网上买皮鞋的时候可能并不会注意到你的鞋店和鞋子,因为他们并不熟悉你的网店,他们首先可能会搜索百丽等女鞋专营网店,因为这些网店已经在他们的心中形成了一种定位。

如果你也可以给自己的产品和网店确定一个准确的定位,使消费者在购买某种产品的时候能够迅速地想到你的网店和产品,那么你的产品就不愁销路了。精准的定位可以使你快速而准确地占领市场,并确定自己的位置。

简单地讲,定位就是解决自己的产品是什么、有什么特色、要卖给什么样的消费者、如何快速让消费者记住自己的网店和产品等一系列问题。对于一个准备进军电子商务市场的店家来讲,定位是多方面的,包括产品市场定位和网店定位。

1)产品市场定位

做好产品市场定位非常关键。产品市场定位就是店主在网上开店之前确定自己卖什么。产品有很多属性,包括行业、类型、规格、风格、来源等,根据这些属性,可以详细地区分产品市场定位。产品市场定位主要有大众化定位、差异化定位和细分化定位。

(1)大众化定位。

大众化定位是目前电子商务中最常见的一种形式,其主要表现形式有四种,即人卖亦卖、红海聚集、杂货类型、追踪爆款。

案例分享

大众化定位的案例

案例A: 小凤的网店是专门销售家具的,主要销售客厅和卧室的家具,并以田园风为主,这些家具与网上其他家具店销售的家具并没有太大区别,基本上都是从一些家具商城进的货。小凤的网店的销售额还不错,主要是因为她的促销活动做得比较好,基本每个月她都要选择一两款家具作为促销产品来推动销售。

案例 B: 小金有一家自己的实体化妆品店,她发现化妆品市场是一个有很大潜力的市场,因为现在大家都很注重保养,因此她决定在天猫平台上再开一家化妆品网店,这样线上和线下一起销售,应该可以获得更大的发展空间。

案例 C: 小路很早之前就在淘宝网上开了一家服装店,原来这家店只销售女装,后来他发现生意不错就又开始拓展产品到男装,后来又添加了内衣、裤袜等产品,现在他的店里只要是服装类的产品,基本上全都有,每个月他的库存都堆得满满的。进货对他来说越来越麻烦。到最后他发现,由于自己精力有限,他根本无法对每一种产品都了如指掌,导致销售额比最初有所下降,所以他决定慢慢削减产品种类。

案例 D: 小齐有一家专门销售袜子的淘宝网店,生意一直平平。最近他发现有一款瘦身袜在网上卖得很火,于是他决定大力宣传这款袜子,便联系了好几家生产这款袜子的厂家进行合作。现在,只要在网上搜索这款袜子,网上排名前三名里一定有小齐这家淘宝网店的产品。

上面的四个案例分别代表一种定位方式。

案例 A 体现的是一种人卖亦卖的定位形式。对于那些销售 3G 数码、家居、配饰等一些在设计上无法快速更新换代的产品的网店来说,这种方式是很好的选择。另外,如果采取分销、一件代发的形式进行销售,也可以采取这种定位。

案例 B 体现的是红海聚集的定位形式。它是指大多数网店都在一个很大的市场上聚集形成集中竞争,寻找蛰伏。例如,女装、化妆品、家居家纺等类目,这些市场的份额很大,有足够的动力驱动卖家进入。

案例 C 体现的是杂货类型的定位形式。这样的卖家普遍出现两种情况,一种是很多网店最终成为一个杂货类型的网店,产品线很长,没有重点突出的产品。这样的网店共同面临的一个突出的问题就是资金周转率低,即库存量大。另一种是网店本来销量还是很好的,网店销售额呈现月度递增的趋势,但是随着客户需求的不断增加,卖家为了追求短期的盈利和业绩,最终导致店内的产品线达到了上百款。可以说,这不是理智的选择。

案例 D 体现的是追踪爆款的定位形式。这些网店的卖家对热卖品的嗅觉敏锐度处于行业的前端。但是由于爆款往往只有在发展期或成熟期才能被捕捉到,因此这类卖家的销售行为会持续到爆款的衰退期。生命力短暂和后续产品良莠不齐是这类卖家的通病。

(2) 差异化定位。

与大众化定位相区别的差异化定位是指通过各种方式使自己的产品与众不同,与别人的产品形成差异。差异化主要可以体现在三个方面,即受众人群的差异、产品理念的差异及产品风格的差异。

① 受众人群的差异。

受众人群的差异很好理解，即产品的销售人群与众不同。例如，前面案例"A 店的转型"中的大码职业女装的对应受众人群就是特定的职业女性，其网店如图 2-4 所示。虽然将产品的销售对象限定在这个狭小的范围内很可能会使自己流失很多其他的客户群体，但能够给自己增加更多的限定群体及忠实客户。

图 2-4　胖 MM 女人王国网店

一般来说，受众人群可以从年龄、性别、职业、风格等方面来进行区分，年龄一般分为婴幼儿、儿童、青年、中年和老年，性别可以分为男性、女性，职业可以分为偏低收入职业、白领职业及金领职业。另外，每个人的风格不同，因此分类也是多样的，如可以分为质朴风格、时髦风格、运动风格等。

今后，这种受众人群的差异化定位形式将更加明显，会有越来越多的卖家选择这种形式。

② 产品理念的差异。

看似一样的产品，由于卖家推出的产品理念不一样，便会有不一样的销售效果。所以，在开设网店前，最好能够确定自己的产品理念。理念代表的是一种文化。例如，同样是销售坚果，有的网店推出的是"专业"的产品理念，有的网店推出的是"实惠"的产品理念。相比之下，这两种理念的推出能够使相应的卖家各自抢占一部分市场。对于那些对坚果质量要求比较高的消费者来说，一定会选择"专业"经营理念的网店；而对于那些想要物美价廉、性价比高的产品的消费者来说，自然会选择"实惠"的网店。

③ 产品风格的差异。

产品风格的差异是能够被消费者很快识别的一种差异。当浏览一家网店时，通过简单浏览店内的商品，便能够很快了解到这家网店的产品风格，当然，这只限于那些有自己产品风格的网店。例如，你想要买一件短袖 T 恤衫，但这种产品太多了，让人眼花缭乱，而有些产品的风格是与众不同的，能很快地吸引你的眼球。例如，你可以很快在浩瀚的产品列表中找到裂帛的短袖 T 恤衫，也可以很快找到韩流风格的短袖 T 恤衫，因为这两款服装的差异比较大。如图 2-5 所示的服装为分别以中国风的风格为主和以韩国潮流风格为主的款式。由此可见，产品风格的差异也可以很快地帮助卖家在电子商务市场中获得一席之地。

图 2-5 裂帛高端系列产品

 课堂讨论

你能在各购物网站中找到一些别具风格的网店吗？试着找一两家，分析一下这些网店的风格是怎样的。

（3）细分化定位。

通过浏览各种网店的商品，可以发现有的网店的商品种类很多，有的网店的商品种类很少。例如，有些销售食品的网店会卖各种各样的食品，而有些网店只卖某一种食品。这种不断细分的产品行业定位就是细分化产品定位。

任何一种产品都是属于某一种行业的，行业又可以不断地进行细分，要根据对自己的产品的行业细分化的定位来销售自己的产品。并不是行业定位越细越好，这种定位需要非常细致地了解市场，开展市场调研，同时也要结合自己的进货渠道。如果进货渠道受到了限制，那么想开展广泛的行业定位是不可能的。例如某旗舰店的产品细分化定位就做得比较好，其旗舰店如图 2-6 所示。

2）网店定位

网店定位是另一种比较重要的定位方式，大致可以分为目标消费人群定位、风格定位和价格定位。

（1）目标消费人群定位。

消费群体定位是指直接以某类消费群体为诉求对象，突出产品，专为该类消费群体服务来获得目标消费群的认同。把品牌与消费者结合起来，有利于增强消费者的归属感，使其产生"我自己的品牌"的感觉。目标消费人群定位就是确定自己所网店开设的产品哪一类人群会购买，换句话说就是把产品卖给谁，确定了客户群体，就可以使定位更精准，使服务更人性化。

图 2-6　某旗舰店的产品细分化定位

　　例如，某男装的品牌定位为"男人的世界"，某药品的定位为"儿童感冒药"，某饮料品牌的定位为"青年一代的可乐"等，这些都是目标消费人群定位策略的运用。

　　目标消费人群定位过程也就是目标市场细分的过程。目标消费人群定位的一般策略也就是细分市场的一般方法。运用市场细分法，可以确定网店的目标市场，集中力量为目标市场服务，发展适销对路的商品，采用适当的市场营销策略，以适应和满足目标市场的需求。"案例 A"中，当店主以女装为主要产品，没有将产品类目细分时，就出现了销量不好，甚至网店无人问津的现象。而当店主将类目细分，把产品的关键词锁定在"大码""职业""女装"时，将目标人群细分化，不仅增强了网店的专业性，而且提高了客户的忠诚度。

 课堂讨论

　　请试着找出以目标人群定位的网店，他们分别经营哪个类目的产品？

　　（2）风格定位。

　　选好平台开店之后，我们就要确定网店的风格。一般来讲，网店风格一般包括行业风格、品牌风格、文化风格、实用风格及其他风格。网店的风格定位如表 2-1 所示。

表 2-1　网店的风格定位

网店风格	说明
行业风格	多出现在大的类目的特定风格
品牌风格	注重在各个环节中推广自己的品牌，形成独有的风格体系
文化风格	传达文化理念、理想状态或情感
实用风格	主打实用商品，突出商品的优势和功能
其他风格	除以上四种之外的其他风格，如一些批发代理的网店主打的是价格优势

如果想让你的网店在某一行业中独占鳌头，那么你可以将网店的风格定位为行业风格，不断在推广中突出自己的行业优势，以便消费者在购买这种行业的产品时首先考虑你的网店。

如果你想吸引一些和你有着共同的理想或情感的消费者来你的网店购买商品，那么你可以选择文化风格定位。例如，有一家淘宝服装店叫作天使之城，店主小 A 将网店的风格定位成一种旅行文化风。她自己当模特，穿着店里的每一件衣服在世界各地旅游、拍照。这种清新自然的情感表达方式勾起很多人对自由和浪漫的向往，自然会让人记住她的网店。

如果你没有时间和精力去宣传自己的品牌和风格，那么你可以选择实用风格定位。这种风格定位也是很常见的，一般销售数码产品、家具、五金建材等产品的网店通常选择这种风格定位。

（3）价格定位。

价格定位很好理解，有些网店走的是高端路线，他们在意质量、服务和包装，其产品价格就高一些；有些网店走的是平民化路线，其商品价格普遍较低；还有一些网店为了在某段时间内抢占市场，会选择亏本销售或无利润销售，价格为市场最低价。但是，每个卖家在给自己的商品进行定价时都会考虑以下几个因素。

① 商品成本。商品成本越高，价格就会定得高一些。

② 竞争对手的定价。如果市场上已经有同类的商品在销售，则定价就要考虑对手的价格；如果你的商品是市场上绝无仅有的，则定价就相对容易一些。

③ 网店的客户群体。如果网店的客户群体是高端消费群体，那么较低的价格反而不利于销售。

④ 促销活动或节日。如果要在一些特殊的时间进行促销活动，那么价格就会有比较大的波动，如天猫平台的"双十二"活动。

⑤ 进货渠道。如果你有很好的进货渠道，那么你的商品的价格就比其他网店具有优势。

本节任务

任务一　完成下面的练习

案例1：小路准备开一家化妆品网店，但是考虑现在化妆品网店很多，他决定只做孕妇化妆品，这些化妆品的特色是清爽、温和无刺激，专门针对那些孕期或哺乳期的女性进行销售。

案例2：小贝准备开一家进口零食的网店，他想让自己的零食店与众不同。于是他决定在推广的时候重点突出产品的某一个特色，他选择了"时尚"。

案例3：小江准备开一家儿童家具的网店，考虑现在的儿童家具千篇一律，于是他将自己的产品都设计成童话城堡的风格，儿童床、儿童椅、儿童书柜、衣柜等无不体现出童话的感觉，这使他网店的推广非常成功。

以上案例各展示了产品的哪种定位方式？

任务二　请为小鱼设计一个好的产品定位

小鱼在淘宝网上开了一家箱包店，店里的产品五花八门，包括各种风格和年龄段的手提包、肩包、钱包和旅行箱。她的店名叫"美少女的包包"。但是网店的销量并不是很好，一个月的销售量不到100件。

你能帮助小鱼重新定位她的产品吗？

课后思考与练习

一、名词解释

产品定位　市场细分　差异化定位　大众化定位　网店定位

二、简答题

网店定位分为哪些方面？产品市场定位分为哪些方面？

三、选择题

1. 差异化定位包括（　　）。
   A. 受众人群的差异　　　　　　　　B. 产品理念的差异
   C. 产品风格的差异　　　　　　　　D. 价格的差异

2. 电子商务平台可以分为（　　）。
   A．B2C（卖家销售给个人）平台
   B．C2C（个人销售给个人）平台
   C．B2B（卖家销售给卖家）平台
   D．综合性平台

任务 3　确定网店的经营模式

任务目标

1. 了解网店经营模式的含义和分类。
2. 了解各种网店经营模式的特点。
3. 能够根据自己的实际情况选择合适的经营模式。

知识储备

网店有很多种经营模式。有的网店通过线上、线下同时开店来获利；有的网店通过在本地批发特产在网上销售来获利；还有的网店通过售卖一些虚拟产品来获利。

案例分享

不同的网店经营模式

案例 A： 小路有一家自己的服装店，但是她还想同时在网上开一家服装店。经过前期调研，她最终在天猫平台上开了一家潮流服装店。线上、线下同时销售服装，生意很红火。

案例 B： 小钱家住黄山，他发现周围很多人都在网上开店销售黄山毛尖茶叶。经过调查，他发现很多南方人喜欢黄山毛尖茶叶的清香，到黄山旅游的游客每次都会购买很多茶叶，但是大多数人是无法长途跋涉到黄山来购买的。他发现了这个可喜的网上市场，于是准备在网上开一家以售卖黄山特产为主的网店，商品以黄山毛尖茶为主。

案例 C： 小于很喜欢玩游戏，他发现和他一样喜欢玩游戏的人很多。这些人中有很多人都想要购买游戏币，但总是苦于没有购买途径。于是他萌生了一个在网上开店售卖游戏币的想法。他没想到，自己一边玩游戏还可以一边赚钱。

网店经营模式实际上就是卖家的商业模式，选对了适合自己的商业模式就成功了一半。

目前网店经营模式基本上分为八种，分别为批发零售模式、专卖店模式、分销模式、特产模式、专业产品模式、实体店-网店模式、虚拟产品模式及超市模式，如图 2-7 所示。

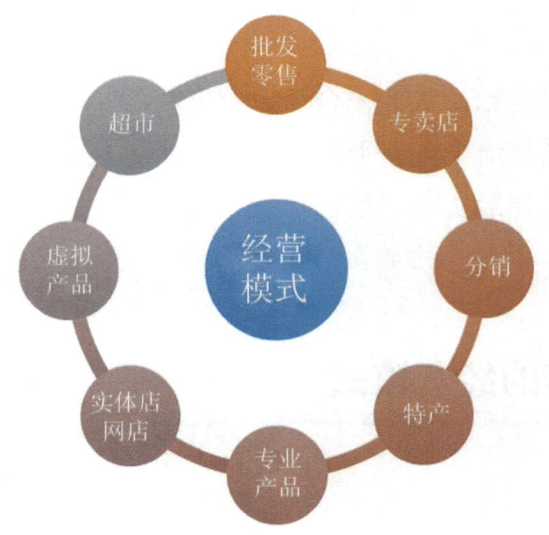

图 2-7　网店经营模式

1. 批发零售模式

批发零售模式是比较传统的网店经营模式。例如，你去服装市场或工厂以低价批发一定量的夏装，然后通过淘宝店以零售的价格出售，你赚取的就是批发和零售之间的差价。你需要一间仓库存放这些服装，除场地外，还需要考虑产品和资金等问题。

目前，大量的个体卖家都选择了批发零食模式。一般来说，这种模式通常适合以下人群：生活在一线城市的年轻人，因为一线城市有很多各种类型的大型批发市场和工厂；新加入网络营销的人。

在这种经营模式下，卖家需要仓库，需要稳定的进货渠道。关于成本方面，很显然，客服方面也需要一定资金的投入和周转。由于购物网站有大量的买家，这种批发零售模式能够让卖家有可观的利润。但是，由于同时存在大量的同类产品，卖家也面临巨大的竞争。

 课堂讨论

批发零售的经营模式为什么能够获得广泛的推广和普及？这种经营模式有什么特点？

阿里巴巴网上进货渠道的建立使得更多的人能够从阿里巴巴网上批发产品到淘宝网上零售，这种模式也是批发零售模式的一种延伸。

2. 专卖店模式

专卖店模式就像实体专卖店一样，只做一个品牌的产品系列，不仅专业性强，而且所有产品的质量都有保证。现在，在网上同样也有这样的专卖店，专卖店的好处在于更容易形成自己的品牌效应，能更好地留住客户，让人容易相信产品的质量。这种专卖店需要品牌授权，对经营者的要求也较高。例如，阿芙官方旗舰店采用的就是专卖店模式，如图 2-8 所示。

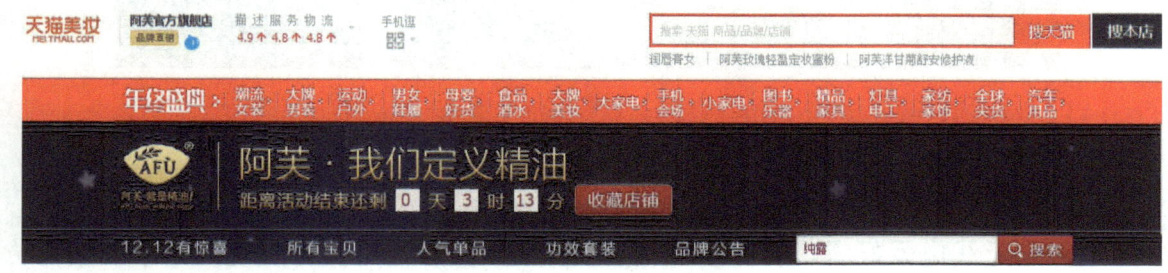

图 2-8　阿芙官方旗舰店

3．分销模式

成功的网店卖家需要扩大经营，那么寻找分销商就是一个非常有效的方式。目前，有越来越多的人选择分销模式。例如，已经在购物网站有一定经验和信誉的卖家可以选择分销模式。由于这种店只是分店，产品推广、商品文案等大量前期工作都是由主店或供应商完成的，卖家可以专注做网店的推广和促销活动。因此，对于那些没有太多业余时间的兼职卖家，这是一个不错的网店经营模式。这种模式的可行性高，不需要仓库，不需要发货，有稳定的货源。由于不需要库存，成本相对是比较低的。但是，分销是有压力的。往往供应商会要求分销商有一定的出货量，而出货量是和进货价格挂钩的。所以如果分销商没有达到供应商的要求，则有可能会被取消分销的权利。另外，卖家除面临行业竞争以外，还要和供应商的网店竞争，因为供应商有更高的成交量和信誉等级。

4．特产模式

很多卖家选择在购物网站上销售当地的特产，这样能够吸引很多有购买特产需求的客户。部分人会根据自身生活的地方选择特产模式。例如，生活在武汉的人可以销售鸭脖子，生活在安溪的人可以销售铁观音，生活在宁夏回族自治区的人可以销售枸杞子，生活在杭州的人可以销售丝绸等。如果你生活在这些以某种特产闻名的城市，不妨把你那里的特产放到网上销售。

特产模式对于大多数人来说可行性不高。它需要稳定的货源、有竞争性的价格和一定的仓储能力。经营特产品店，成功率非常高。目前，在网上销售西部干货的网店，很多都已经是"皇冠"级别的了，这些特产由原产地通过淘宝店销售到全国各地，这中间有相当不错的利润。科尔沁食品旗舰店采用的就是特产模式，如图 2-9 所示。

 **课堂讨论**

你认为特产模式最大的限制是什么？

图 2-9　科尔沁食品旗舰店

5．专业产品模式

如果你是无线电爱好者，或者你喜欢搞收藏，又或者你是摄影发烧友，那么你不妨去网上开一家专业产品店，如无线电、航模、收藏品和摄影器材等。通过网络，你可以和爱好相同的人交流和交易。例如，某男子是一名工程师，他在淘宝网开了一家工具店，他销售的不是一般的工具，而是在市场上很难买到的一些实用的工具，最终他获得了很好的收益。

专业产品模式比较适合那些发烧友或某个行业的专家。成本依赖于卖家的爱好领域，如某些收藏品就非常贵。当然，发烧友通常不计较成本，利润当然很不错，所谓物以稀为贵。专业产品模式的成功率也是很高的。例如，好有礼翡翠车饰店就是专业产品模式的经典案例，如图 2-10 所示。

图 2-10　好有礼翡翠车饰店

6．实体店-网店模式

如果你已经有一家实体店，那么去淘宝网开一家网店就比较容易，你只需要学习网上交易方面的知识即可。例如，你在北京拥有一家服装网店，当夏季即将过去，还有部分夏装积压在仓库时，可以把夏装销售到南方去，这个时候网店就可以发挥作用，因为南方的气温还很高，那些区域的买家仍然有购买夏装的需求。

实体店-网店模式只适合那些已经有实体店的卖家。通过网络营销能够降低库存，拓宽区域市场，从而驱动产品的销售量。网店的成本通常低于实体店，可以基于实体店的操作经验，在淘宝网销售自己的产品。

7．虚拟产品模式

淘宝网上有很多网店销售虚拟产品，如 QQ 币、充值服务、软件等，这些产品不需要发货，成交快速，网店很容易在短期内达到一定的成交量和信誉等级。一般来说，虚拟产品模式适合那些在校的学生，因为这种模式进入门槛低，成本低，网店容易打理。但是由于很多电子商务平台对于这类网店有很多限制，如很多推广活动都明确不让这类网店参加，因此，这种经验模式也很难获取较好的利润。

8. 超市模式

卖家也可以在网上开一家超市型的网店，就像实体商场一样，销售多种产品，但比杂货店的品种要多。网店的产品种类要多，目的是要适应网络新时尚的需要，因此需要不断更新产品种类。超市模式的缺点就是，投资较大且不方便产品管理，感觉有点杂乱，而且网店要有一定的规模。其优点是消费者只要付一次邮费就可以买到想要的很多种类的产品，无须几件不同的产品找几家店，多次付邮费。例如，1号店采用的就是超市模式，如图 2-11 所示。

图 2-11　1号店

课堂讨论

你还能在各电子商务平台中找到超市模式的案例吗？试着举例说明。

本节任务

任务一　完成下面的练习

1. 程程很喜欢收藏邮票，于是他专门在网上开了一家邮票专卖店。
2. 西西很想开一家箱包网店，但是他没有时间去做网店的宣传和推广，于是他就与一家比较大的箱包网店合作，销售这家网店的箱包。
3. 琪琪住在某服装批发市场附近，她觉得这是一个很好的进货渠道，于是她就在网上开了一家服装店，所售衣服不贵，但是由于进货方便，成本低，她仍然获利丰厚。

以上案例各展示了什么经营模式？

任务二　请为萧萧设计几个比较合适的网店经营模式

萧萧住在一个县城里，他们县城生产毛竹，附近有很多竹制品加工工厂。萧萧一直喜欢收藏竹制工艺品，家里有很多竹制工艺品。于是她想在网上开一家竹制工艺品网店，向全国的消费者推广家乡的竹制品和自己的收藏品。

| 网店运营 |

你能帮助萧萧设计至少三个合适她的网店经营模式吗？请简单陈述每种模式的内容。

课后思考与练习

一、名词解释

网店经营模式　分销模式　专业产品模式

二、判断题

1．虚拟产品网店经营模式很难获得成功。　　　　　　　　　　　　（　　）
2．特产经营模式最关键的是要有良好的特产进货渠道。　　　　　　（　　）
3．实体店经营模式是目前最广泛的网店经营模式。　　　　　　　　（　　）

三、填空题

网店的经营模式包括_____、_____、_____、_____、_____、_____、_____、_____。

任务 4　选择开设网店的平台

任务目标

1．了解目前流行的电商平台种类。
2．了解不同电商平台的特点及要求。
3．能够根据自己网店的实际情况选择合适的平台。

知识储备

在网上开店，有很多平台可以选择，如淘宝网、天猫、京东、当当网、唯品会、拼多多、苏宁易购、聚美优品等。如果资金实力雄厚，则还可以开发属于自己的网站或App。这些电子商务平台均有各自的特点，选择适合自己网店的平台，将有利于网店今后的经营。

1．C2C 平台

淘宝网由阿里巴巴集团在 2003 年 5 月创立，是亚太地区较大的网络零售、商圈，其首页如图 2-12 所示。淘宝网是中国深受欢迎的网购零售平台，拥有近 5 亿的注册用户，每天有超过 6000 万的固定访客，每天的在线商品交易数已经超过了 8 亿件，平均每分钟售出 4.8 万件商品。淘宝网是目前国内最大的 C2C（个人销售给个人）平台，也是小型网店卖家开店数量最多的平台。截至 2017 年，淘宝网占据了中国 C2C 电子商务平台的市场份额的 96%，正因为淘宝网拥有庞大的客户群，大多数创业者，或者小型网店卖家都选择了在淘宝网创建自己的网店。

图 2-12　淘宝网首页

由于淘宝网是免费入驻的，对于资金较少的卖家具有极强的吸引力，因此淘宝网受到了许多中小型网店卖家的青睐。不仅如此，淘宝网的影响力强，用户基数大，流量大，在很大程度上保证了客流量，如图 2-13 所示。而且支付宝对于买卖双方都有一定的保障，大大降低了双方交易时的信用风险，如图 2-14 所示。

图 2-13　淘宝网 SEO 综合分析数据

2. B2C 平台

相对于 C2C 平台开店成本小的特点，B2C 平台则更适合有一定经营基础和经济实力的网店进行网上营销，目前比较流行的 B2C 平台主要有天猫、京东、唯品会、苏宁易购、当当网、聚美优品等。这几大电商平台各自有各自的特点，每个平台都有自己固定的客户群体，每个平台的主打产品类目各有千秋。据电子商务研究中心的统计报告显示，2017 年在我国 B2C 网络零售市场（包括开放平台式与自营销售式，不含品牌电商）上，天猫平台所占份额依然稳居首位，如图 2-15 所示。

图 2-14　淘宝网的支付保障——支付宝

天猫平台占据 B2C 网络零售市场份额的第一名，其优势突出表现为：①规模大；②商品种类多；③流量大；④纯平台成本低；⑤知名度高；⑥得到阿里巴巴各方面的支持。这些优势吸引着众多的卖家争先恐后地入驻，尤其是近几年，更多的大品牌入驻天猫平台，这也造成了竞争更加激烈的局面。天猫平台首页如图 2-16 所示。

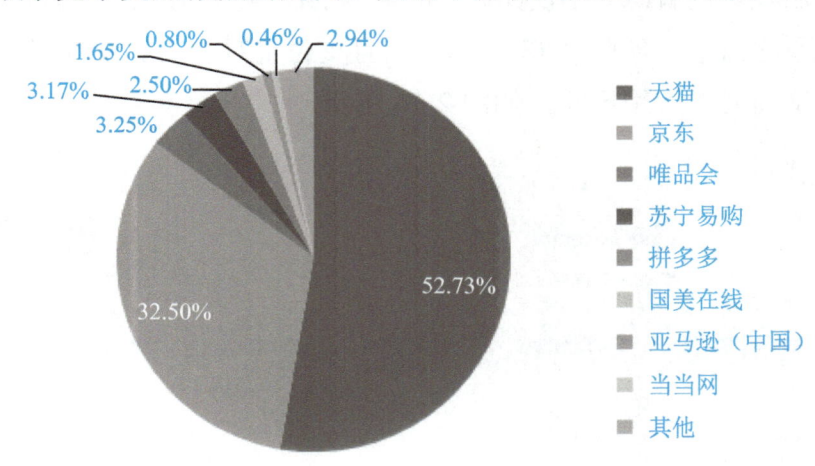

图 2-15　2017 年 B2C 网络零售市场份额

但是，一般在 B2C 平台上开店要求经营者的网店具备实体网店或拥有一定的公司资质，而且每年都需要向入驻平台交纳几万元人民币至十几万元人民币不等的保证金和服务费，入驻要求较多，这将创业者或卖家的入门门槛大大提高，创业者或卖家可以在经营一段时间后，或待网店有了一定的规模，经营者积累了一定的经验和资金后，再考虑入驻 B2C 平台。

图 2-16　天猫平台首页

━━━━━━━━━━━━━━━━　**本节任务**　━━━━━━━━━━━━━━━━

分析各平台的优势与劣势，请小组合作，并完成表 2-2。

表 2-2　各平台的优势与劣势

平　台	入 驻 条 件	平 台 优 势	平 台 劣 势
淘宝网			
天　猫			
京　东			
拼多多			
当当网			

━━━━━━━━━━━━━━━━　**课后思考与练习**　━━━━━━━━━━━━━━━━

单选题

1. 选择在 C2C 平台上开店的优势是（　　）。

　　A．管理严格　　　　　　　　　　B．质量有保证

　　C．入驻门槛低　　　　　　　　　D．入驻门槛高

2. 以下平台不属于电子商务 B2C 平台的是（　　）。

　　A．淘宝网　　　　　　　　　　　B．天猫

　　C．京东　　　　　　　　　　　　D．当当网

任务5 网店规则

任务目标

1. 理解平台规则的意义。
2. 了解各电子商务平台的规则。

知识储备

无论选择在哪一个平台上开店，都必须首先了解该平台的规则，避免触犯规则，造成经济和信誉上的损失。本任务将主要介绍淘宝网平台的规则。

1. 淘宝网经营规则

1）为了保证消费者的合法权益，会员须符合以下条件，方可按照淘宝网系统设置的流程创建网店或变更网店经营主体

（1）通过淘宝网身份认证、提供本人（包括自然人、法人、非法人组织及其负责人等）真实有效的信息，且企业网店负责人关联的企业网店数不能超过5家。

（2）符合淘宝网对开店个人及企业网店责任人的年龄要求。

（3）将其淘宝网账户与通过实名认证、信息完善的支付宝账户绑定。

（4）经淘宝网排查认定，该账户实际控制人的其他阿里平台账户未被阿里平台处以特定严重违规行为处罚或发生过严重危及交易安全的情形。

2）已创建的网店若连续5周出售中的商品数量均为零，淘宝网有权将该网店释放。一个淘宝网会员仅能拥有一个可出售商品的账户

3）会员应当按照淘宝网系统设置的流程和要求发布商品。淘宝网会员账户已绑定通过实名认证的支付宝账户，即可发布闲置商品，但创建网店后方可发布全新及二手商品。若会员创建网店后发布商品，并使用支付宝服务情况下，将视为接受由支付宝（中国）网络技术有限公司提供各类支付服务，并遵守《支付服务协议》有关规定

淘宝网会员发布商品的权益可能受到以下限制。

① 淘宝网有权根据卖家所经营的类目、信用积分、本账户和账户实际控制人的其他账户的违规情形等维度调整其商品发布数量上限及可发布类目数量上限。

② 淘宝网卖家发布闲置商品不得超过50件。

4）"商品如实描述"及对其所售商品质量承担保证责任是卖家的基本义务。"商品如实描述"是指卖家在商品描述页面、网店页面、阿里旺旺等所有淘宝网提供的渠道中，应当对商品的基本属性、成色、瑕疵等必须说明的信息进行真实、完整的描述卖家应保证其

出售的商品在合理期限内可以正常使用，包括商品不存在危及人身财产安全的不合理危险、具备商品应当具备的使用性能、符合商品或其包装上注明采用的标准等。

2. 淘宝网禁售商品及违规处理

1) 禁售商品

为保障淘宝网用户的权益，维护淘宝网的正常秩序，根据国家法律法规规范，以及《淘宝网平台服务协议》《天猫服务协议》《淘宝网规则》等相关协议和规则，禁售商品包括以下几种。

（1）仿真枪、军警用品、危险武器类。

（2）易燃易爆、有毒化学品、毒品类。

（3）反动等破坏性信息类。

（4）色情低俗、催情用品类。

（5）涉及人身安全、隐私类。

（6）药品、医疗器械类。

（7）非法服务、票证类。

（8）动植物、动植物器官及动物捕杀工具类。

（9）涉及盗取等非法所得及非法用途软件、工具或设备类。

（10）未经允许违反国家行政法规或不适合交易的商品。

（11）虚拟类。

（12）其他类。

以上禁售商品的具体内容，可查看《淘宝网规则》了解规则的更新及变化。如果有卖家发布了禁售商品或信息，淘宝网会根据情况做出相应的处罚措施。

2) 违规处理

（1）临时管控。对于系统排查到的涉嫌销售禁售商品的，淘宝网将在两个工作日内进行人工排查，人工排查期间给予单个商品监管；对于系统排查到的涉嫌发布禁售商品且情节严重或情节特别严重的，淘宝网将在两个工作日内进行人工排查，人工排查期间给予网店监管。

（2）违规处理措施。淘宝网用户发布禁售商品及相关信息的，依据《淘宝网规则》将对其进行违规处理，处理措施如下。

① 自检自查。

根据《淘宝网规则》结合《淘宝网禁售商品管理规范》中列明的具体违规情形，每个自然年内，给予卖家自检自查机会（情节严重、情节特别严重、造成严重后果等特殊情形除外）。自检自查的总体适用原则如下。

- 严重违规行为所有扣 12 分情形下：一日。

- 严重违规行为所有扣 6 分情形下：一日。
- 严重违规行为所有扣 2 分情形下：累计两日。
- 一般违规行为所有扣 12 分情形下：一日。

② 严重违规行为。
- 每次扣 48 分。
- 每次扣 12 分；情节严重的，每次扣 48 分。
- 每次扣 6 分；情节严重的，每次扣 12 分；情节特别严重的，每次扣 48 分。
- 每次扣 2 分；情节严重的，每次扣 12 分；情节特别严重的，每次扣 48 分。

③ 一般违规行为。
- 每次扣 12 分；情节严重的，每次扣 48 分。
- 每次扣 6 分。
- 每次扣 2 分。
- 每件扣 1 分（但 3 天内累计扣分不超过 7 分）；会员若在网店装修区、阿里旺旺或淘宝网门户类页面发布的，每次扣 4 分。
- 每件扣 0.2 分（但 3 天内累计扣分不超过 7 分）；会员若在网店装修区、阿里旺旺或淘宝网门户类页面发布的，每次扣 4 分。

发布禁售商品及相关信息的具体处理措施详见《淘宝网禁售商品管理规范》附件一《禁发商品及信息名录&对应违规处理》。为进一步保障买家权利，淘宝网有权对违反上述情形的卖家采取交易账期延长等支付宝收款账户强制措施。

3．淘宝网评价规则

淘宝网买卖双方的评价是为了促进买卖双方基于真实的交易做出公正、客观、真实的评价，进而为其他消费者在购物决策过程中和卖家经营网店过程中提供参考。评价是整个交易中非常重要的环节，它是买家在选择、判断商品好坏时的重要依据之一，同时对于卖家来说，它能够让卖家更清楚、更直观地看到自己的问题所在，能够让卖家在经营过程中了解和利用好评、中评甚至是差评，对于自己的缺点做到有则改之无则加勉，从而更加有效地提高网店的信誉度，增加客户量，以利于网店的长期经营。

有效评价是指买卖双方基于真实的交易在支付宝交易成功后 15 天内进行相互评价。淘宝网评价包括网店评分和信用评价。信用评价包括信用积分和评论内容。评论内容包括文字评论和图片评论。

网店评分由买家对卖家做出，包括对商品/服务的质量、服务态度、物流等方面的评分指标。每项网店评分均为动态指标，系此前连续 6 个月内所有评分的算术平均值，如图 2-17 和图 2-18 所示。每个自然月，相同买家、卖家之间交易，卖家网店评分仅计取前

3次。网店评分一旦做出便无法修改。

图 2-17 网店动态评分

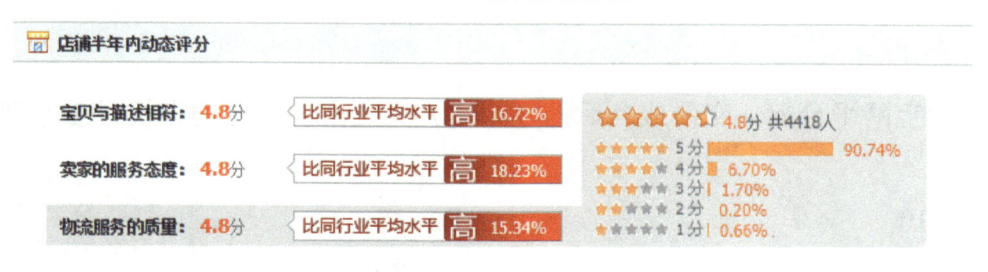

图 2-18 网店动态评分的基本情况

信用评价是买卖双方的互评。评价人若给予好评，则被评价人的信用积分增加 1 分；若给予差评，则被评价人的信用积分减少 1 分；若给予中评或 15 天内双方均未评价，则被评价人的信用积分不变。如评价人给予好评而对方未在 15 天内给其评价，则评价人的信用积分增加 1 分。相同买家、卖家任意 14 天内就同一商品的多笔支付宝交易，多个好评只加 1 分，多个差评只减 1 分。每个自然月，相同买家、卖家之间交易，双方增加的信用积分均不得超过 6 分。卖家信用评价展示如图 2-19 所示。

图 2-19 卖家信用评价展示

以上规则只是选取了淘宝网的部分规则，淘宝网为了适应市场和用户的需求，以及相关部分的管理要求，会经常对规则进行调整或修改，并发布一些新的规则，有的会影响网店运营方法或技巧的使用，因此卖家需要经常关注新规则的发布与实施，从而对网店的整体运营做出及时、适当的调整。

本节任务

1. 查看《淘宝网规则》，查看近期发布的新规则、营销活动规则及行业市场的相关规则。
2. 学习并了解天猫、拼多多、京东、当当网、苏宁易购等平台的规则。

课后思考与练习

一、单选题

1. 在淘宝网平台上，交易成功后的（　　）天之内，双方均有权对对方交易的情况做出评价。
   A．10　　　　　　　　　　B．15
   C．20　　　　　　　　　　D．30
2. 在淘宝网平台上，网店评分是（　　）的评价。
   A．买卖双方　　　　　　　B．卖方对买方
   C．买方对卖方　　　　　　D．买卖双方都不用评价
3. 下列商品不能在网上销售的是（　　）。
   A．景点门票　　　　　　　B．教材
   C．家政服务　　　　　　　D．军警用品

二、判断题

1. 每个自然月，相同买卖家之间交易，卖家网店评分不限次数。（　　）
2. 如评价人给予好评而对方未在15天内给其评价，则评价人的信用积分增加1分。
（　　）
3. 网店评分是由买家对卖家做出对商品/服务的质量、服务态度等方面的评分指标。
（　　）
4. 一个淘宝网会员可以拥有两个可出售商品的账户。（　　）
5. 已创建的网店若连续5周出售中的商品数量均为零，淘宝网有权对其进行释放。
（　　）

项目实训

为开设儿童玩具网店做前期准备

实训目标

1. 了解网店行业的市场情况，并能够根据调研资料撰写调研报告。
2. 能够根据调研结果选择合适的产品和网店定位。
3. 能够根据调研结果确定合适的网店经营模式。

实训背景

你叫王凯，刚从职业院校毕业，从事过几份工作后，产生了自己创业的想法。但由于你没有足够的资金去租店面，所以准备开一家网店。由于你很喜欢研究儿童玩具，也认识几个做儿童玩具的朋友，所以你打算开一家儿童玩具的网店。你觉得网店开设也有很多种形式，但是你并不了解目前的电子商务玩具市场。所以，你打算自己设定一些调研问题对这个市场进行调研，并整理成调研报告。主要调研信息如下。

1. 调研报告名称：儿童玩具网络市场调研。
2. 调研报告中主要包括的问题如下。
（1）目前，网上有哪些较成功的售卖儿童玩具的网店？
（2）目前，儿童玩具有哪些类型？
（3）哪些类型的儿童玩具比较受欢迎？
3. 调研报告的主要调研形式为网上资料收集和整理。

实训任务

1. 进行儿童玩具网店的前期调研，了解该行业的市场情况，设计不少于5个问题。
2. 根据调研资料撰写调研报告。
3. 根据调研结果选择合适的儿童玩具，并给网店做出定位。
4. 根据调研结果确定合适的儿童玩具网店经营模式。
5. 根据调研结果确定合适的电子商务平台。

实训安排

1. 分组，3个人为一个小组。

2．每个小组的组员合作设计不少于 5 个关于儿童玩具的调研问题，并上网搜索资料。

3．每个人对搜索到的资料进行整理和分析。

4．每个小组合作编写一份调研报告。

5．在调研报告的结尾要给出网店经营的建议，包括网店定位及经营模式。

6．每两个小组在完成任务的过程中相互观察，最后互换调研报告，进行评分。注意在评分的过程中不要向对方小组泄露每项的分数。

7．每个小组拿到自己的评估结果之后，看看自己存在哪些不足，哪些是自己认可的，哪些是不认可的。对于那些不认可的地方要与对方小组进行沟通讨论。

8．教师评选出最优秀的小组并进行结果展示。

实训评估

实训日期		观察小组人员		实训小组人员	
考 核 指 标			评　　分	得　　分	
专业技巧考评	调研问题设计	数量符合要求	10 分/8 分/6 分/3 分/0 分	
		问题合理	10 分/8 分/6 分/3 分/0 分	
		问题之间符合逻辑	10 分/8 分/6 分/3 分/0 分	
	调研资料收集	收集的内容符合实际	10 分/8 分/6 分/3 分/0 分	
		收集的方法正确	10 分/8 分/6 分/3 分/0 分	
		收集方法多样	10 分/8 分/6 分/3 分/0 分	
	资料整理和分析	资料整理过程规范	10 分/8 分/6 分/3 分/0 分	
		资料分类正确	10 分/8 分/6 分/3 分/0 分	
		资料分析合理	10 分/8 分/6 分/3 分/0 分	
	调研报告撰写	格式正确	10 分/8 分/6 分/3 分/0 分	
		内容合理	10 分/8 分/6 分/3 分/0 分	
	定位选择	产品市场定位正确	10 分/8 分/6 分/3 分/0 分	
		网店定位准确	10 分/8 分/6 分/3 分/0 分	
	经营模式选择	经营模式选择正确	10 分/8 分/6 分/3 分/0 分	
	平台选择	平台选择正确	10 分/8 分/6 分/3 分/0 分	
态度考评	态度良好		10 分/8 分/6 分/3 分/0 分	
	分工合理明确		10 分/8 分/6 分/3 分/0 分	
说　　　明			总　　分	
10 分表示非常合格，8 分表示合格，6 分表示基本合格，3 分表示不合格，0 分表示非常不合格。满分为 10 分，6 分及格。在"有待改进之处"填写详细的信息			有待改进之处	

本项目知识回顾

本项目主要学习网店经营前期准备工作的相关内容，包括如何做好前期调研、如何撰写调研报告、如何确定产品和网店的定位，以及如何选择网店的经营模式。

在本项目中，做好前期调研，撰写调研报告是一个重要的学习任务。网店的开设要建立在真实的市场环境基础上。因此，了解市场环境，获得行业和产品市场状况是非常重要的。对市场的调研可以使网店经营者准确地洞察市场，它在今后的网店经营过程中仍然是一个持续的、重要的工作内容。调研报告的格式也是一项必须掌握的内容。

另外，为自己的产品和网店做好定位，选择合适的经营模式及合适的入驻平台，并深入了解所选平台的规则也是网店经营必不可少的前期工作。这些可以保证你在后期的经营过程中有的放矢，更好地保障产品的宣传和销售。

思考：

通过本项目的学习，你有哪些心得体会？

项目 3

开设网店

项目任务

电子商务已经成为人们普遍关注的一个创业领域，在这个领域中，有着非常广阔的前景与商机。当电子商务进入规模化发展时代时，作为一种门槛较低的创业模式，网店开设成为众多年轻人选择的创业方式。但是在网店开设之前，如何做到不盲目开店，如何做好充分的准备，如何将网店在一开始就进行规范和定位，这些问题是每一位网店创业者都需要思考的。

作为在校生，特别是电子商务专业的学生应该怎么样去准备网上创业呢？开设网店之前需要做哪些物质准备呢？准备好之后又如何去按照一定的规则和流程去开设网店呢？下面让我们带着这些问题开始本项目的学习和训练吧。

本项目需要学习和完成以下任务：

任务1　做好开店前的准备

任务2　制订商品价格体系

任务3　注册网店

任务4　选择商品货源

任务 1　做好开店前的准备

任务目标

1. 掌握开设网店前期的准备工作和流程。
2. 能够制订前期准备任务清单和计划。

知识储备

开设网店，需要做好充分的准备才能获得成功。每一个成功案例的背后，都做了大量的准备工作。下面就来看看开设网店之前要做的准备工作吧！

1. 开设网店前的物质基础准备

"工欲善其事，必先利其器"，在开店前必须做好物质准备。那么需要准备哪些物质呢？以淘宝网为例，开一家淘宝网网店需要如下设备。

1）电话

电话是卖家与客户联系的基本手段。虽然一般的电商平台都提供了在线交流工具，但是遇到一些需要紧急购买的客户或者特殊需求客户，卖家还是急需直接打电话沟通。打电话往往是最直接、最便捷、最有效的沟通方式。

2）身份证

身份证是开店者身份的证明，在网店的资格审核中，必须提交开店者的身份证明信息。同时，这也是办理网上银行需要提供的材料。

3）网上银行

开通网银是建立网店的基础，所有的收入、支出都要通过第三方支付平台转到银行卡里。

4）其他硬件

其他硬件包括计算机、扫描仪、数码相机、打票机等。扫描仪主要用来扫描一些文件等。网店开设对于相机的要求较高，因为网店上展示的商品均以图片形式展示，因此图片的质量对商品的销售来说起着重要的作用。打票机用于给客户开发票，也是必备硬件。

5）必备软件

网店与客户的沟通大部分是在非紧急的情况下进行的，这时以网络即时通信工具为主。因此 QQ、淘宝网买家旺旺这样的即时沟通工具是计算机上必须安装的软件。一般来说，可选择的即时沟通工具以所在的电商平台提供的沟通软件为主，如淘宝网卖家主要用千牛来作为沟通工具。

6）资金准备

打算在网上开店的人一般都会问一个问题，那就是"网上开店需要多少资金？"总的来说，不同的经营目标，不同的产品都会导致网店资金投入的不同，没有统一的标准。但如果除去产品进货的资金投入，在电商平台开设网店的资金并不是很多，主要是申请网店的手续费和网店宣传费用，开店者可以根据实际需要来准备费用。

> **课堂讨论**
>
> 如果你要开设网店，除了上面提到的，你还会准备哪些东西？试着举例说明。

2．心态建立

对于创业者来说，虽然开设网店投入不大，但是在电子商务飞速发展的时代，要在众多网店中脱颖而出，并且获得不错的盈利，都要付出很大的心血，且和其他创业模式一样，也会遇到挫折。所以在开设网店前期，一定要做好心理准备，树立坚定的信念，准备好受挫的心态，准备接受开店初期盈利不理想的可能。

在开设网店前期做好充足的心理准备，对开店者来说是非常重要的。

3．制订产品价格体系

在制订网店销售产品的价格之前，首先要清楚地了解产品在市场中的价格体系，这样才能有目标地找货源谈价格。了解清楚当前的市场价，清楚高价和低价的相差范围，然后根据市场价格制订自己产品销售的价格体系。在价格制订策略方面，没有统一的标准，但是总的来说，消费者都喜欢物美价廉的商品。电商之所以发展迅速，就是因为它在提供送货上门服务的同时，价格也占据优势。因此，根据商品成本和想要获得的利润，制订相对市场价较低的价格，是网店商品销售的关键因素。

4．寻找合适的货源

网店的产品经营有两种模式：①寻找代理商；②寻找进货渠道。寻找代理商可以通过网络，如阿里巴巴批发网，直接寻找大卖家做他的代理，谈好价格，利用其产品资源。不需要进货、不需要存货到家，只需要将他的产品放在你的网店上，等客户拍下你的产品后，你可以通过支付宝把货款和邮费支付给代理商，让代理商把产品发给你的客户。这样做的好处是你的成本较低。寻找进货渠道需要找到合适的货源批发进货，和批发商谈好进货价格。

5. 控制运输成本

物流是网店运营的必备环节。网店的产品销售突破了地域的限制，但是产品必须依赖物流才能送到客户手中。除了个别电子商务公司（如京东、亚马逊），大部分电子商务形式都会通过与第三方物流公司的合作来发送产品。所以根据你的网店的定位和成本核算，选择一家价位合适的快递公司也是非常重要的。对于网店来说，除了产品质量、价格因素，快递的送货效率也很重要，所以选择一家合适的快递公司也是非常关键的。

以上各项内容都完成之后，就可以注册网店，筹备网店的开张事宜了。

案例分享

小李网店开设的过程

最近，小李在网上开了一家网店，由于是新手上路，在开店过程中也遇到过一些困难，但最终还是成功了。小李的整个开店过程用了将近一个月的时间，后来，他深有体会地说："在网上开店前，一定要做好充分的准备。"

现在我们来看看小李开店的过程，并从中总结一些经验吧。

网店开设之前，小李首先对市场进行了一番考察。小李进行市场考察的目的就是看哪些东西在网上卖得比较好。

小李经过一番考察和对自己的审视，最终确定卖珠宝类产品——水晶，之后，他就开始联系货源，然后开始着手开店。开店需要注册申请，小李选择的网络平台是淘宝网，他在淘宝网进行了免费注册。

他给自己的网店取名为"小李宝贝"，后来小李对店名不太满意想要更好，但发现并不容易更改。值得注意的是，申请网店时，好的名字是非常必要的，不仅要让自己容易记住，也要让买家容易记住，这个很关键，因为在淘宝网的会员名一经注册就不能更改，最好是取一个与所销售的商品有关的名字。

注册之后，小李又进行相关的实名认证、支付宝认证。做这些认证时需要准备好自己的身份证扫描件和以自己的身份证开户的银行卡，一般3个工作日就能通过淘宝网审核。

此外，淘宝网要有10件待出售的商品发布后才能有网店，所以在网店开设之前还要准备在网上发布10件商品。

注册和认证之后，小李便开始对自己的网店进行装修。

接下来就是宣传自己的网店，小李到各大网络论坛发帖子、回帖子，修改自己的QQ个人资料、MSN资料，让身边的人帮忙宣传，还利用搜索引擎进行宣传。

经过售前耐心的准备，小李的网店终于开业了，这时买家的各种问题也来了，非常考验人的耐心。但小李并不着急，因为他知道网上购物不能跟生活购物相比，买家在网上购物并不能看到商品，只有通过询问卖家才能知道商品的具体信息，所以小李会设身处地为买家着想。

当生意成交之后，小李还很重视售后服务。他会做好记录并包装好商品，告诉买家商品预计送达的时间并提醒买家保持电话畅通。他还会跟买家确认买家是否已收到商品，最后还要了解一下买家是否满意。

经验分享

小李网店开设的过程给我们的启示是，如果在网店开设之前好好准备，会缩短网店开设的时间，这就叫"磨刀不误砍柴工"。从小李网店开设的全过程来看，我们可以借鉴如下几点经验。

1. 网店开设前做好市场考察，做到网店开张后有市场、有买家群、有针对性。
2. 成功注册会员并及时寻找货源。
3. 精心设计装饰自己的网店，并努力做好网店宣传工作。
4. 做好记录和包装，做好售中和售后服务。
5. 要有勤奋的创业精神和耐心服务买家的态度。

但是，小李也有一个小小的遗憾，那就是没有给自己的网店取一个个性的名字。因此，在此提醒每一个网店开设的朋友，网店开设前一定要用心取好网店的名字。

本节任务

任务一　根据任务背景完成下面的任务

任务背景

在学校学习期间，你一直在思考和关注电子商务发展的趋势和动态，想着毕业后能开一家真正属于自己的网店。马上要毕业了，你打算把网店开设的梦想化为现实。但是，当你真正去思考如何开一家网店的时候，你发现有很多需要准备的事情，这些事情都是以前未曾考虑到的。为了更充分地准备，你需要做一张网店开张前准备任务清单。请按照以下提示来完成。

任务要求

请完成网店开张前准备任务清单。

网店开张前准备任务清单

网店名称：

销售商品：卡通水杯

网店定位：

准备事项：

☐ 事项： 准备结果：

☐ 事项： 准备结果：

☐ 事项： 准备结果：

☐ 事项： 准备结果：

☐ 事项： 准备结果：

☐ 事项： 准备结果：

☐ 事项： 准备结果：

☐ 事项： 准备结果：

☐ 事项： 准备结果：

任务 2 制订商品价格体系

根据任务 1 你要开设的网店及销售的商品，制订商品的价格。在这个过程中要考虑的要素在以下任务书中有所体现，写出你所考虑和调查的过程，以及你制订价格的依据。

销售商品：卡通水杯

水杯面向的客户群体：

水杯的质量与特点：

市场价格调查结果：（本部分写出市场价格的浮动范围）

你要销售的水杯的价格体系：

你制订价格的依据：

课后思考与练习

一、填空题

1. 网店的产品经营有两种模式：_____、_____。

2.以淘宝网为例,开一家淘宝网网店需要的设备包括:＿＿＿＿＿＿、＿＿＿＿＿＿、＿＿＿＿＿＿、＿＿＿＿＿＿、＿＿＿＿＿＿、＿＿＿＿＿＿。

二、简答题

1.你认为开一家网店之前需要具备什么样的心态？谈谈你的感想。

2.平时你愿意在网上购买东西吗？你最终选择在一家网店购买商品时的原因是什么？

任务 3 注册网店

任务目标

1．掌握网上开店的操作流程。
2．掌握网店命名的方法,设计出独特的网店名字。

知识储备

当前期的准备工作完成之后,就要着手准备开设网店了。要网店开设,就要选择一个比较好的电子商务交易平台,并给网店起一个名字,这样就可以注册开设网店了。

1．注册开设网店

目前有很多电子商务平台,如淘宝网、阿里巴巴、易迅、拍拍网等,其注册开店的流程基本相同。选择在哪家平台注册并开设网店,主要考虑的是平台的知名度、平台信誉及开店成本。

1）会员注册

要在电商平台开店和购物,首先要注册成为此平台的会员。只有成为会员,通过平台的认证和审核之后,才能在网上进行交易。

以淘宝网为例,打开淘宝网,单击首页左上方的"免费注册"超链接,如图3-1所示。

图3-1 淘宝网首页

进入账户注册界面之后，按照注册流程即可完成注册，如图3-2所示。

图3-2 淘宝网账户注册

2）平台即时通信工具的安装与应用

以淘宝网为例，阿里旺旺是在淘宝网上开店和经营必备的即时通信工具，它主要解决网店经营管理过程中的信息流问题。阿里旺旺分为卖家版和买家版，主要用以管理买卖双方的沟通和买卖信息等。而且很多规模较大的网店卖家都要求网店职员必须用阿里旺旺来进行沟通，以此来有效地规避买卖中的风险。目前，阿里旺旺的卖家版升级为千牛（见图3-3和图3-4）。其核心作用是为卖家整合网店管理工具，经营咨询信息、商业伙伴关系，借此提升卖家的经营效率，促进彼此间的合作共赢。

图3-3 千牛的图标和登录界面

3）实名认证

为了营造诚实可信的交易环境，电子商务平台为买卖双方设置了第三方支付认证的程序。目前第三方支付平台工具应用比较广泛的有支付宝、微信等，其中支付宝的发展最为迅速，目前已经成为全球最大的移动支付厂商。

以淘宝网为例，单击淘宝网首页右上方的"卖家中心"下拉按钮，在弹出的下拉列表中选择"免费开店"选项，即可进入免费开店引导界面，如图3-5和图3-6所示。

网店运营

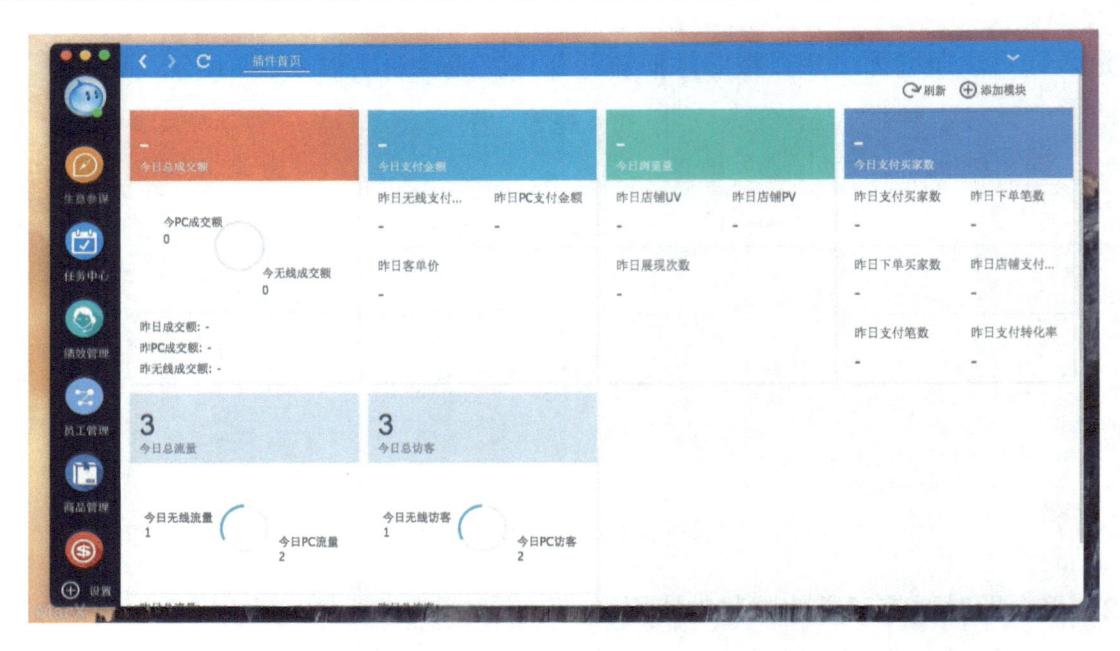

图 3-4　千牛的主界面

图 3-5　免费开店

图 3-6　免费开店引导界面

按照引导进入支付宝实名认证及淘宝网开店认证的相应流程。淘宝网开店认证界面如图 3-7 所示。

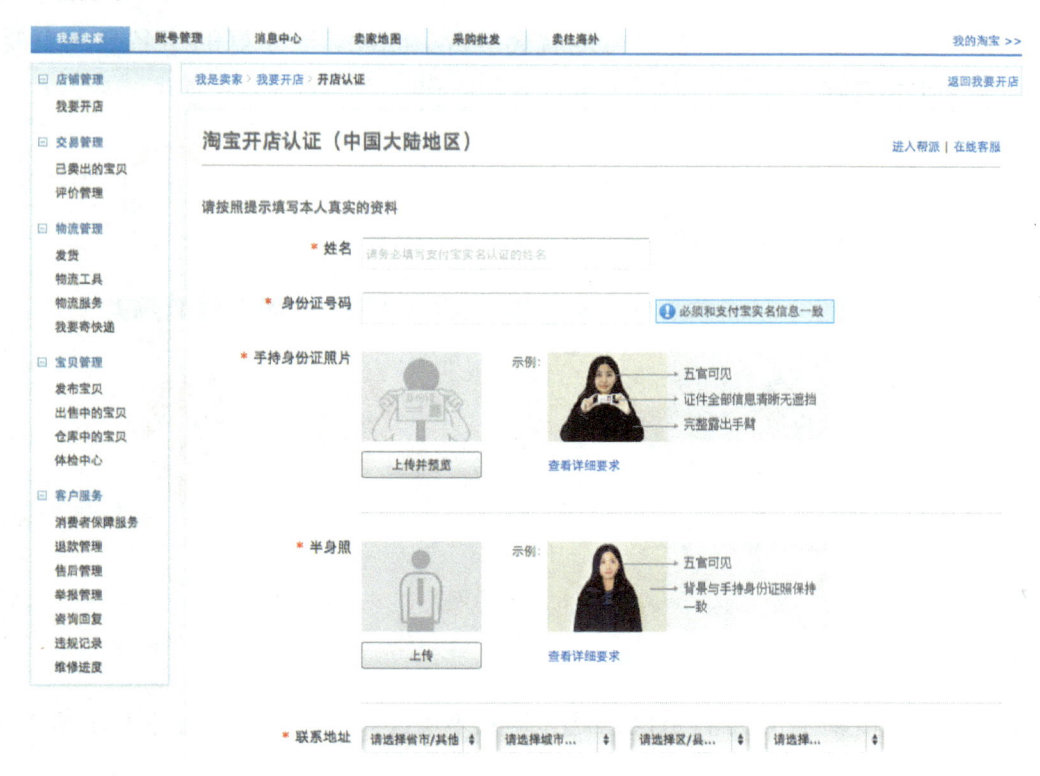

图 3-7 淘宝网开店认证界面

按照提示填写好相关信息，并上传证件和照片，提交等待认证的审核通过。

在"我是卖家"选项卡中选择"我要开店"选项，会出现参加考试的提示。在淘宝网开店必须通过淘宝网开店考试，考试内容是《淘宝网规则》，《淘宝网规则》是淘宝网网店开设者之初必须学习的，如果不熟悉《淘宝网规则》，可能会因违反规定导致网店被查封。考试分数须达 60 分才能通过，其中的基础题部分准确率必须为 100%。考试通过后阅读《诚信经营承诺书》，然后根据提示填写网店名称、网店类目及网店介绍。保存后确认提交即可。

至此，注册流程完成。

2. 设计店名

网店名称一般位于网店首页的左上角，这是一个比较吸引人的地方，如图 3-8 所示。设计一个富有创意的好店名，会在以后的经营中起到非常重要的作用。

网店的名称就像人的名字一样，一般来说好听、好记、有特点、朗朗上口的名字会对客户心理产生微妙的影响。一方面，好的店名容易引起客户的购买欲，对网店起到推销的作用；另一方面，当客户把一个网店推荐给另一个客户后，好的店名能让接受推荐的客户容易记住，并能顺利在网络上搜到。试想，一个拗口有着生僻字的店名如何被客户记住？又如何能被客户快速地搜索到呢？电子商务的快速发展使得网络卖家多如牛毛，只要客户在搜索过程中遇到一点小问题，客户可能就会放弃。因此，一个好的店名至关重要。设计店名时要遵循以下原则。

图 3-8　网店名称

1）简洁明了

简洁明了、通俗易懂的店名不仅读起来响亮畅达、朗朗上口，也易于让别人记住。

2）与众不同

店名要用与众不同的字体，使自己的网店表现特别，引人注目。用现代商务运作的观点来看，一个与众不同的店名实际上意味着一种独立的品位和风格。

3）彰显特点

店名要彰显自己的行业特点，要能够表明自己的网店性质和经营范围。例如，如果网店销售的是钱包，一定从店名上体现网店销售的产品是钱包；如果网店销售的东西多且杂，就以主打产品来给自己的网店命名，或者以所销售产品的类别来命名，这样便于买家搜索到自己的网店。

补充知识

网店命名的注意事项

（1）表明网店的性质和经营范围，如"现代风窗帘定做"，"窗帘"是经营范围，"定做"是性质。

（2）表明服务对象，如"婴儿用品专卖""女士护肤美容"，表明服务对象分别是"婴儿"和"女士"。

（3）体现特色服务和风格，如"绿色草本植物护肤专卖店"。

（4）体现店主的身份，这个店主的名称可以是昵称，如"小艾女生饰品"。

（5）如果网店只销售某一品牌的产品，可以以品牌的名称作为店名，如"耐克运动专卖"。

总的来说，网店不像实体店那样可以让客户直接体验，所以在给网店命名时一定要提炼出网店的特点、优势或者体现出店名的独特性。

本节任务

任务背景

在学校学习期间，你一直想创建一家网店。毕业之前，你已经做了一些前期的准备，可随时着手创建一家自己的网店。

以下是你前期的准备工作内容。

（1）销售的产品：1~6岁儿童服装。

（2）产品的价格范围：80~500元。

（3）产品的特点：纯棉质地、韩国品牌、款式新颖。

任务要求

现在你准备开设网店，你一边注册一边考虑给自己的网店起一个个性且容易记住的名称。

（1）根据本节所学内容，请在淘宝网上进行用户注册并进行相关网店开设的注册流程操作，并给自己的网店起一个名字。

（2）将自己起的网店名称在课堂上与教师和同学们分享，讲讲自己起这个网店名称的原因，以及网店名称的特点。

（3）在电子商务实训平台展示自己申请注册网店的流程和网店注册后的页面效果。

课后思考与练习

一、简答题

列出你认为比较有特色的网店名称，并简要分析其有特色的原因。

二、判断题

1．淘宝网会员注册是免费的，但是如果要成为卖家，需要交纳注册费。（   ）

2．淘宝网卖家不需要实名认证，只需要注册用户名即可。（   ）

3．在淘宝网开店必须通过淘宝网开店考试，考试内容是《淘宝网规则》。（   ）

任务 4 选择商品货源

任务目标

1. 熟悉实体商品与虚拟商品的特征及货物的选择。
2. 掌握开店时如何选择商品及如何利用网络平台寻找供应商。
3. 具备对供货方的正确判断及网络货源的正确选择能力。
4. 掌握与网络供货商沟通的技巧。

知识储备

货源直接关系到网店的经营情况，是网上开店的关键环节之一，不会找货源也开不好网店。在寻找供应商、选择货源的过程中，有两个重要环节，即虚拟商品与实体商品的选择和如何寻找供应商。

1. 虚拟商品与实体商品的选择

1）虚拟商品的特点

虚拟商品是指完全依赖于网络空间而存在，能为人们提供特定使用价值的劳动产品。虚拟商品在交易过程中，无须物流部门为其提供直接的流动服务，在使用（消费）时也不需要依赖任何物质实体。

虚拟商品主要分为游戏虚拟商品、网页虚拟商品和环境虚拟商品3种类型，具有虚拟化、数字化、全球化、唯一性和个性化的特点。

虚拟商品主要有以下交易特点。

（1）网络交易市场的形成时期较早，交易过程较为简便，不受时空限制。
（2）以游戏、装备、音乐、影视、网络教学服务、信息平台等虚拟产品为主要交易对象。
（3）市场具有很强的特定性，客户群体容易定位。
（4）市场空间相对较狭窄。
（5）产品具有期限性，通常售后服务体现得比较明显。
（6）附加价值相对较小，综合成本相对较低，但是利润空间较大。
（7）不占用实体库存，但是安全隐患较大等。

课堂讨论

你能说出3种虚拟商品吗？说说为什么它们是虚拟商品。

2）实体商品在交易中的优势与劣势

优势：①实体商品比较大众化，需求量较虚拟商品大；②实体商品的客户群体广泛，交易具有很强的可见性；③实体商品的价格定位相对比较稳定，容易形成价格比较。

劣势：①实体交易的操作烦琐；②开店时投资成本较大；③需要库存和物流服务支持；④投资风险相对较大；⑤ 产品送达的滞后性较强，容易降低消费者的满意度，提升店主个人信誉度的难度较大；⑥实物商品容易出现质量问题，因而对于一个开店新手来讲，销售实体商品的交易难度较大。

3）虚拟商品在交易中的优势和劣势

优势：①货源寻找难度小，一般只需要支付一定费用就可以获得代理权；②开店投资小、风险也小；③虚拟商品的单价较低，但利润空间较大，且不会产生二次成本；④虚拟商品不需要物流、库存等服务支持，交易过程中程序简单，易于操作；⑤购买群体的特定性较强，容易锁定客户群体；⑥虚拟商品的质量问题较少；⑦虚拟商品能快速提升网店信誉，因为虚拟商品的交易时间短，在同样的时间内可以完成很多笔交易。

劣势：①特定性、专业性较强，开店时货源选择相对有限，不适合某一个特定个人（群）；②价格弹性较大，随意性较强，具有一定的潜在交易价格风险。

4）商品的选择

从二者的优缺点看，实体商品的交易难度比虚拟商品的交易难度大，比较适合网店商品选择，但是，由于虚拟商品缺乏大众化，专业性较强，对商品的性能掌握不彻底，加之一半虚拟商品都集中于游戏类产品，不适合大众人员作为开店选择。总体而言，无论是选择实体商品还是虚拟商品，应该根据两者的特点，以及依据开店者自身的兴趣爱好，进行相应的选择。

2. 利用网络平台寻找供应商

在互联网时代，初期寻找普通的供应商已经不需要挨家挨户地去实地找，通过互联网即可先行进行考察、了解和初步洽谈，阿里巴巴、慧聪网等都是综合的批发型网站。

1）销售商品的定位

如果是个人创业，就应该分析自己是否具备网上开店的货源条件，不是所有商品都适合在网上销售，也不是所有适宜网上销售的商品都适合个人开店销售。个人开店所选择销售的商品一般应具备以下条件。

① 体积较小：主要是方便运输，降低运输的成本。

② 附加值较高：价值低于运费的单件商品是不适合网上销售的。

③ 具备独特性或时尚性：网店销售不错的商品往往都独具特色或者十分时尚。非常普通且容易购买的商品，因竞争激烈而导致利润较低。

④ 价格较合理：如果在线下可以用相同的价格购买相同的商品，那么一般消费者还是愿意在实体店购买，网上销售就失去了竞争的优势。

⑤ 通过对网站的了解就可以激起浏览者的购买欲：如果这件商品必须亲自见到才可以取得购买者的信任，就不适合在网上销售。当然，随着电子商务的普及，很多网店都提高了信誉度，因此很多以前不会在网上普及销售的商品也逐渐取得了消费者的信任。

⑥ 只有在网上才能购买到的商品。只有在网上才能购买到的商品容易形成商品的稀缺性，如果经营得好，则非常适合网上销售并可获取一定规模的利润，如海外代购的商品等，或者一些价格较高的商品通过特定渠道而具有价格优势的商品。

根据以上条件，目前适合个人在网上开店销售的商品主要包括首饰、数码产品、保健品、服饰、护肤品、工艺品、体育与旅游用品等。一些商品虽然也在网上销售得不错，如农产品、家具等，但这些一般都是卖家在网上开设的网上销售渠道，作为个人或者初创业的毕业生来讲，是不适合选择这样的商品在网上销售的。所以，在网上开店要放弃一些不适合个人网上销售的商品，同时也要注意遵守国家法律法规，切记不要销售以下商品。

① 法律法规禁止或限制销售的商品，如武器弹药、管制刀具、文物、淫秽品、毒品等。

② 假冒伪劣商品。

③ 其他不适合网上销售的商品，如医疗器械、药品、股票、债券抵押品、偷盗品、走私品或者以非法来源获得的商品。

④ 用户不具有所有权或支配权的商品。

案例分享

如何预防网上进货陷阱

刚毕业的张小燕准备开一家网店，主要销售服装。张小燕在网上找到一个货源，图片都非常漂亮，于是张小燕很高兴地就向对方订购了1万元的服装。结果对方给张小燕寄去的服装与网上的图片差异很大，甚至还有很多根本无法出售，导致她损失惨重。

张小燕与供货商进行了沟通，但供货商并不承认自己的服装有问题，还声称张小燕的期望太高。

这次的损失让张小燕有了经验，并吸取了教训。在以后的进货中，她都非常仔细地进行辨别，并总结了如下经验供其他网店开设的朋友参考。

方法一：搜地址。

网上供货商应该有一个固定地址，可以利用搜索引擎搜索这个地址，从中可以找到很多信息。骗子的地址漏洞最主要的表现是，地址与公司名称所包含的地址不符。另外，也可能会搜到一些受骗者曝光骗子公司的信息，从中就可以直接判断该供货商是否为骗子。

方法二：查黄页。

查看供货商所在地的网络黄页，查找供货商的公司名称。如果有该公司相关的信息，那么核实它的经营范围，看是否与你的进货商品类型相符。

方法三：看执照。

去当地工商部门官方网站查询其营业执照，核实这个公司是否确实注册过。如果是一家空壳公司，最好不要与之交易。如果查不到相关信息，可以打工商部门的电话进行查询核实。

方法四：查电话。

可以通过查询电话的所在地区来判断与他所提供的所在地是否一致。另外，在网络上搜索一下这个电话号码，看是否可疑。

方法五：看账号。

一般来说，正规公司进行网络批发的时候，提供的应当是公司账号而不是个人账号。因此如果对方提供的账号是个人账号，你可以要求他提供对公账号。如果对方不能提供对公账号，则立刻终止交易。

2）网上销售商品的一般选择原则

（1）个性化原则。在网上开店，如果自己所选的商品较其他商品独具特色，这将有利于后期的推广，客户如果不在网上购买就很难买到，这样的特色商品很容易在网上销售。

（2）标准化原则。一般而言，在网上销售的商品，在大家心目中都有一个明确的标准衡量，如尺码、规格、型号等，否则不利于客户选择。

（3）合法原则。总体而言，选择商品一定要慎重，网店开设找货源一定要选择适合自己的商品，选择自己熟悉的行业的商品，选择自己喜欢、感兴趣的商品。假设你喜欢服装，就不要选择数码类商品。结合自己的兴趣，才容易获得成功。

3）供货方式的选择

从货源类型来说，通常有以下几种供货方式可供选择。

（1）厂家供货。

直接从厂家拿货最为便宜，相对而言，利润空间也会比较大。一般的厂家都面向一定的大客户，通常不会和小卖家合作。所以开店时应考虑自己的订货批量，是否有能力进行大批量的订货；考虑自己的库存问题及人手问题等。同时，从厂家进货还有很多需要注意的地方，如产品调换货及产品质量问题等，都应该提前达成一致并签署协议，以免造成不必要的纠纷。一般来说，个人创业的小卖家，不建议到厂家直接拿货。

（2）批发市场供货。

批发市场供货需要的资金相对较少，但是也需要自己花费精力拍照处理等。要想在批发市场拿到一手货源，而且是质量好的，就需要相关方面的经验，或者多下点功夫，经常去批发市场了解、蹲点调查。批发市场供货有以下几个优势。

① 批发市场的商品比较多，品种数量都很充足，有较大的挑选余地，而且很容易实现货比三家。

② 批发市场很适合兼职卖家，这里的进货时间和进货量都比较自由。

③ 批发市场的价格相对很低，对于网上营销来说容易实现薄利多销，也有利于网店交易信用度的累积。

相比较而言，批发市场是新手卖家进货的不错选择，尤其对于身处具有大型批发市场之地的店主来说，将具有得天独厚的优势。

课堂讨论

你身边有没有一些大的批发市场？它们主要是哪种商品的批发市场？它们的主要特点又是什么？

（3）网络代销供货。

网络代销就是在网上展示卖家给的产品图片、产品介绍等资料，代销者（卖家）向网络代销支付一定货款，同时再给卖家一定的资金后，卖家负责为卖方发货，在商品出售后，代销者（卖家）从中赚取差额。有两种类型的网店店主适合选择代销：一类是自己没有太多本金用于进货的店主；另一类是害怕承担风险想先尝试一下的店主。网络代销具有以下优点。

① 网络代销几乎不需要什么资金投入，很适合新卖家和小卖家。

② 网络代销也不用准备仓库，不用自己负责物流，卖家会在收到定金后直接发货，所以也为卖家节省了邮寄的麻烦。

③ 网络代销省去了卖家给商品拍照，描写商品的麻烦。卖家通常可以直接从卖家处获得商品图片，一般效果都比较好，也更容易吸引买家。

当然，网络代销也有很多不足之处。

① 不能直接接触商品，所以不便对商品质量、库存和售后服务进行把关。

② 由于代销涉及第三方交易，因此理论上利润相对偏低，主要赚取买家和货源卖家商品定价之间的差价，没有大的投入也同样没有大的回报。

（4）寻找卖家余货。

这里提到的卖家，一般是指比较大的批发商。这样的批发商一般都会有一定的库存积压，有时甚至还会有名牌商品积压，不过款式相对来说较旧，但是品牌效应还是存在的。所以寻找到好的卖家余货，也是不错的货源选择。

① 卖家余货一般市场需求量较大，商品的品质也有一定的保证，属于中高档的货物，在网络交易中很容易获得好评。

② 卖家余货的货源相对较少，所以竞争小，网络竞争力很强。而且可以利用网店的地域性差异，提升积压产品的销售价格。

（5）阿里巴巴网站批发供货。

全国最大的批发市场主要集中在几个城市里，而且有很多买家不方便来这几个批发市场进货。所以，阿里巴巴作为一个网络批发平台，充分显示了它的优越性，它为很多小地方的卖家提供了很大的选择空间。该平台不仅查找信息方便，也为大量的小卖家提供了相应的服务，并且起拍量很小。阿里巴巴首页如图3-9所示。

图3-9　阿里巴巴首页

将阿里巴巴作为供货选择，主要有以下优势。

① 阿里巴巴不仅有批发进货，还有小额的拍卖进货，这都是淘宝网卖家很喜欢的进货方式。

② 在网站进货时最好选择支持支付宝或者诚信会员的商品。这样的会员一般来说等级越高，信誉度越可靠。

③ 阿里巴巴有很强大的搜索功能，在选择供应商时可以进行最大限度的比较选择。

另外，阿里巴巴也有沟通工具，这样一旦发生纠纷，也有沟通过程作为凭据。网络进货不比批发市场，因为存在一定的虚拟性，所以大家选择卖家时一定要谨慎。

补充知识

网店货源选择经验分享

（1）如果没有实体店，第一次网店开设，建议选择一些比较熟悉的商品或者大众化商品。

（2）选择出售的商品最好是比较有特色的，如果销售的商品品种在市场上大量存在，客户很容易选择最低价格的商品，那么需要被迫将商品价格标得很低，以适应市场竞争，如果商品没有太大的可比较性，利润就会相对较高。

（3）进货渠道，选择在淘宝网找卖家是不错的选择，他们会有比较专业的人士指导网店卖家如何在网上开店。

（4）选择进货厂商时，卖家通常会要求先存预存款，这个时候要谨防上当，最好先从自己所在地附近的厂家选择，最好能亲自实地考察谈判，并签署具有法律效应的协议。

本节任务

任务背景

你打算开设一家销售苹果手机壳的网店，以下是网店前期准备的相关信息。

网店名称：小艾苹果手机壳专卖。

网店定位：中、高端品质，锁定对品质有要求的客户群体。

价格范围：80～200元。

品牌：品牌没有限定。

以上是你的手机壳网店的基本定位，现在你要准备寻找货源，在寻找货源前你需要了解目前淘宝网上苹果手机壳的品牌及价格。通过两天的了解，你发现网上同类商品的价格差异较大。

任务要求

（1）你锁定了3～6种品牌，价位相对合适，并且符合你的网店定位。请将这些商品的品牌信息列在表3-1中。

表 3-1　商品的品牌信息

品　　牌	价 格 范 围	网 店 名 称

（2）你锁定了以上品牌中的两三种品牌，并了解了价格范围，于是你开始搜索供应商寻找货源，请将你搜索的供应商及价格信息列在表3-2中。

表 3-2　供应商及价格信息

品　　牌	供应商名称	价　　格	供应商来源（寻找途径）

（3）谈谈你在寻找供应商货源的过程中遇到的困惑和问题。

课后思考与练习

一、填空题

网络虚拟商品主要分为_____、_____和_____的类型，具有_____、_____、_____、_____和_____的特点。

二、选择题

网上销售商品的一般原则包括（　　）。

　　A．便宜化原则　　　　　　　　B．个性化原则
　　C．标准化原则　　　　　　　　D．合法原则

三、简答题

1．寻找货源及供应商有哪些方式？

2．如何辨别供应商的真伪？

3．如果你要开一家网店，你会开一家什么样的网店？销售的商品是什么？如何寻找货源渠道？

项目实训

开设儿童玩具网店

实训目标

1．能够根据网店及商品特点，为网店起名。

2．能够掌握寻找供应商货源的方法。

项目背景

通过前期的儿童玩具调研，已经对要开设的网店名称、网店定位、网店客户群体有了一个比较清楚的定位。你所选定的客户群体主要是大、中城市的白领一族的孩子，这类群体一般来说收入稳定，重视儿童早期的智力开发，并且愿意在儿童的早期智力开发上投入资金。以下是你前期调研的结果。

网店类型：儿童玩具网店。

网店名称：待定。

网店客户群：大、中城市的白领一族。

网店商品类别：0～6岁儿童智力玩具、儿童阅读电子书、儿童积木。

价格定位：单价为200～500元。

团队构成

毕业后，你们4个关系要好的同学一起创业网店开设，在这次网店筹备的过程中，你们的分工如下：一人负责市场策划，一人负责网店注册及取名，一人根据网店及商品定位寻找货源，一人是团队领导并负责全面工作。

现在你们4个人要协调合作，完成这次网店的筹备开设工作。

实训任务及安排

1．登录淘宝网，开设一个儿童玩具网店。

2．完成每小组4个人的分组工作，每组按照上面的要求进行分工并明确职责。

3．完成网店的取名及注册工作（注册可以模拟进行）。

4．市场策划人员要根据你们的市场定位选取合适的商品，确定商品类别、名称、图片及准备销售商品目前的市场价格。

5．寻找合适的商品货源，列出供应商名称及价格。要求至少列出5家供应商货源并进行比较。

6．其他3个人分别把每个人负责的工作向团队负责人汇报，团队负责人进行汇总后最终选择一家最为可靠的供应商。

7．以小组为单位，组长（网店总负责人）向全班及教师以PPT形式讲解并展示你们的网店销售定位、商品类别、价格及选择供应商的过程，展示过程不超过15分钟。

8．每两个小组之间在完成任务的过程中相互观察，并进行评分。注意在评分的过程中不要向对方小组泄露每项分数。

9. 每个小组拿到自己的评估结果之后，看看自己存在哪些不足，哪些是自己认可的，哪些是不认可的。对于那些不认可的地方要与对方小组进行沟通讨论。

10. 教师评选出最优秀的小组进行结果展示。

实训评估

实训日期		观察小组人员		实训小组人员	
考 核 指 标			评 分		得 分
专业技巧考评	开店前的准备	准备充分	10分/8分/6分/3分/0分		
		店名有创意	10分/8分/6分/3分/0分		
	网店建立	网店注册符合流程	10分/8分/6分/3分/0分		
		实名认证	10分/8分/6分/3分/0分		
	商品货源选择	供货商的数量	10分/8分/6分/3分/0分		
		供货商选择合理	10分/8分/6分/3分/0分		
	PPT制作	制作美观	10分/8分/6分/3分/0分		
		表达技巧	10分/8分/6分/3分/0分		
态度考评		态度良好	10分/8分/6分/3分/0分		
		分工合理明确	10分/8分/6分/3分/0分		
说 明			总 分		
10分表示非常合格，8分表示合格，6分表示一般，3分表示不合格，0分表示非常不合格。满分为10分，6分及格。在"有待改进之处"填写详细的信息			有待改进之处		

本项目知识回顾

通过本项目的学习，我们主要了解了开设网店前期的准备工作。虽然开设网店相对来说是一种较为容易的创业方式，门槛较低，资金投入较少，但是真正要开好一家网店，前期的各项工作都至关重要。

在整个开店前期工作中，网店经营者可以做一个前期工作准备清单，列好需要准备的事项和准备方式。在前期工作中，除了一些必要的物质准备外，在网店开设初期还要端正心态，做好吃苦和受挫的准备，不要将网店开设想成一件坐在计算机前就赚钱的事情，因为任何一件事情都不是随随便便就能成功的，尤其是在当下电子商务日益渗入生活方方面面的形势下，网店的竞争也是非常激烈的。因此想要成功，必须做足充分的物质准备和心态准备。

选择好要经营的商品，制订好合理的价格体系，是网店开设前期的核心工作。价格体系主要由商品的成本、市场平均价格及商品价格定位综合决定。除了货物供应商的选择，另一个非常重要的供应商选择就是物流服务商的选择。因为对于网店来说，找到一个可以让自己和客户都信赖的物流商是非常重要的。选择物流服务商主要考虑的重要因素有发货速度、在物流途中的物品质量保障。物流速度和物品的质量保障是客户十分关注的问题，但是对于网店经营者来说，还要考虑的重要因素就是物流成本，商品的价格和利润空间决定了你将选择的物流成本。

思考：

通过本项目的学习，你有哪些心得体会？

项目 4

装饰网店

项目任务

在项目3中,我们已经完成了网店的开设,并选择了商品货源。接下来需要我们将商品发布到网上并进行描述。但是此时的网店只是一家简单的网店,不仅网店首页的版面没有特色,甚至都没有个性的网店标志及各种产品及活动的介绍,消费者即便无意间搜索到这家网店和商品,但是看到网店首页的版面可能也会离开。所以对网店进行装饰是一项很重要的工作。对于网店来说,装修是使网店兴旺的法宝,我们通过眼睛来获取物品的信息,所以要在美观上下一些功夫。一般来说,经过装修设计的网店特别能吸引消费者的目光。首先,网店设计可以起到品牌识别的作用。对于网店来说,形象设计能为网店塑造美好的形象,加深消费者对网店的印象。其次,网店的装修可以让网店变得更有附加值,更具信任感。因为网络购物者需要通过网店上的文字和图片来了解商品,而网店装修是提高商品附加值和网店浏览量的重要手段。

在本项目中,将学习如何对商品进行描述和发布,以及如何对网店进行各种装饰。在完成了网店的装饰之后,就可以正式经营自己的网店了。

本项目需要学习和完成以下任务:

任务1　描述和发布商品

任务2　设置网店版面

任务3　制作和发布动态店标

任务4　手机端网店装修

网店运营

任务 1　描述和发布商品

任务目标

1．了解商品标题的编写方法。
2．了解商品信息描述的方法和注意事项。
3．了解商品发布的流程。
4．能为不同的商品设置合适的标题。
5．能根据不同的要求和目的对商品信息进行描述。
6．能按照规定的流程对商品进行发布。

知识储备

消费者在网上购物时，大多有一定的目标，在网上寻找商品时，通常会用一些关键词搜索自己需要购买的商品。如果描述商品的词汇中有消费者用到的词，那么该商品被搜到的概率就会提高，也才有机会被购买，因此描述商品时选用哪些词汇是非常关键的。

1．了解商品描述的主要内容

无论开什么店都要有商品，有商品就要有商品的描述。在网店正式运营之前，我们需要将商品发布到网上，并对每一种商品进行描述。商品描述是指我们如何向客户介绍我们的商品，让消费者在看完商品描述之后能够对商品产生兴趣，从而产生购买的欲望。网店中的商品描述就像实体店的导购员，因此，商品描述是非常重要的。

商品描述涉及的内容比较广泛，首先，需要给每一款商品取一个合适的标题，这样消费者在搜索商品的过程中能够通过各种关键词搜索到相应的商品；其次，描述商品，包括规格型号、功能配置、细节展示、交易说明、配送说明、服务保障及其他任何重要的商品信息。完成这些信息的描述之后便可以发布商品了。

精确地说，对商品描述需要很多商品的图片。因此，在此之前你需要对商品进行拍照、对照片进行修饰等。对商品的拍照涉及拍摄技术的知识，对照片进行修饰涉及图片美化和视觉设计的知识，这些知识在其他教材中有专门的模块进行讲授，在此不再重复。本任务中默认图片素材都是已经美化完成的图片，不再需要加工。

2．编写商品标题

如何能让消费者快速便捷地搜索到你的商品？如何让消费者在搜索到你的商品之后能够迅速找到关键信息并产生兴趣？这就需要你为商品取一个好的标题。

一个好的商品标题可以吸引更多的消费者。同时好的商品名称能够让消费者在浏览网店时更容易了解到商品的重要特征，如果标题中存在消费者感兴趣的信息，那么消费者购买的概率就大一些。那么如何给各种商品取一个好的标题呢？

一般来说，商品标题是指网店给所经营的商品编写的以吸引消费者和便于搜索为目的的商品名称，也叫宝贝名称、宝贝标题，如图4-1所示。

图 4-1　商品标题

商品标题一般由汉字和其他字符组成，不同网站对商品标题的字数有不同的限制，如淘宝网规定商品标题的字数为30个字或60个字符以内。

1）商品标题的构成要素

一般来说，商品标题要包含两大类信息。

一类是消费者想要了解的信息，如（知名）品牌名称、是否促销、商品的主要特征、商品的主要类型及商品的其他信息等。

另一类是非必要的信息，如网店的名称、（自创）品牌的名称及货号等信息。这些信息并不是消费者关心的信息，但是如果卖家想要推销自己的网店、自创品牌，或者方便自己了解库存和发货，这些信息也是非常有用的。

课堂讨论

你能在各购物网站上找到一些优秀的商品标题吗？说一说这些标题都包含了什么信息。

2）商品标题的作用

（1）好的商品标题能够反映出商品的属性、特点和卖点。

（2）好的商品标题能够吸引消费者的注意力，引起消费者的兴趣，提高点击率。

（3）好的商品标题能够适应网站搜索规则，提高被搜索出来的概率。

3）商品标题中的关键词

淘宝网上的商品被消费者搜索到的概率的高低，部分取决于商品标题中的关键词，也就是说，商品标题非常重要。可以使用以下几种方法找到部分关键词。

（1）淘宝网首页搜索框的下拉列表，如图4-2所示。

图4-2　下拉列表

当在淘宝网首页的搜索框中输入与商品相关的词语时，如"卫衣"，会出现下拉列表，并推荐一些搜索量较大的词，以供消费者参考。

（2）淘宝网排行榜中的关键词，如图4-3所示。

图4-3　淘宝网排行榜

充分利用淘宝网排行榜，在搜索热门排行中可以找到近期搜索频率较高的词汇，可以将其作为选择商品标题关键词的依据之一。

（3）"您是不是想找"选项，如图4-4所示。

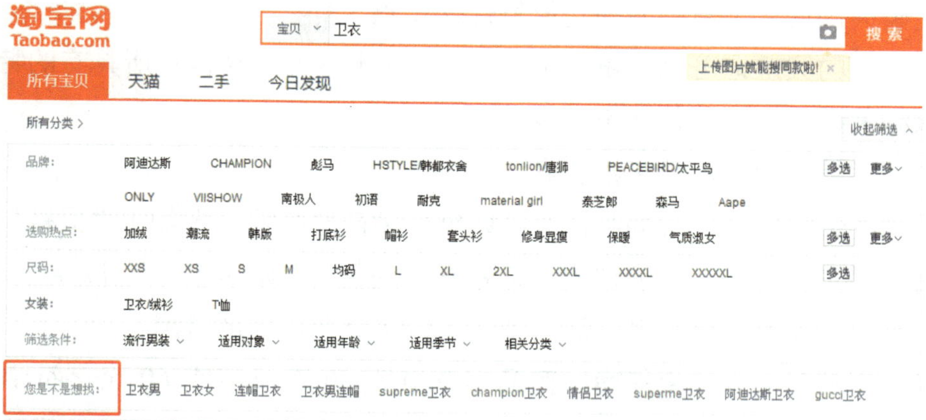

图4-4 "您是不是想找"选项

在淘宝网首页搜索框中输入"卫衣"后，进入的界面中有一个"您是不是想找"选项，在这里淘宝网也会推荐一些搜索频率高的相关词汇，也可作为商品标题关键词的参考。

利用这几种方法会找到一些相关的关键词，接下来就是如何组合这些关键词了。

4）组合关键词

通常商品标题由以下几类关键词组成。

标题=品牌词+主要关键词+营销词+属性卖点词+相关度加强词

- 品牌词：如李宁、阿芙、三只松鼠等。
- 主要关键词：商品名称（这是什么，如卫衣、牛仔裤、玩具等）。
- 营销词：如包邮、特价、正品等吸引消费者的词汇。
- 属性卖点词：如纯棉、加厚、柔软、透气等（可以从商品属性中找）。
- 相关度加强词：商品名称的近义词（如发卡、卡子等）。

5）商品标题的优化技巧

（1）实事求是，如实描述产品。

在淘宝网开店，都必须遵守淘宝网的规则，对于可以经营的商品必须如实描述，切忌夸张，否则会受到淘宝网的严重处罚，影响网店的正常运营。

（2）完整通顺，适合消费者阅读。

在排列标题中的30个汉字或60个字符时，应注意尽量符合人们的阅读习惯，如"波司登 羽绒服"比"羽绒服 波司登"要更符合消费者的习惯。

（3）含有多个搜索关键词，能被消费者搜索到。

在写商品标题时，要密切注意目前流行的关键词，如现在很流行"ins"款，那么你的标题可以加上"ins"字样，如果现在很流行中国风，那么你的关键词也可以包含这几个字。这样消费者在搜索"ins"时就能搜索到你的商品，在搜索"中国风"时也能够搜索到你的商品。但是如果商品本身没有这种特点，或者与此风格相差甚远，也不要勉强使用。

（4）明确关键词，突出商品的功能特性、卖点。

与商品相关的关键词可以尽量多地加上，但属于本件商品自身所具有的特点、卖点等词汇则是核心关键词，这才是必不可少的。

（5）含有营销关键词，吸引消费者。

很多消费者会很关注促销商品，所以如果直接在商品标题上加上"促销"的字眼，很容易引起这些消费者的关注。类似的词语还有"超值""新品特惠"等。

（6）合理利用商品标题长度，30个汉字或60个字符尽量填满。

消费者在搜索商品时如果能命中商品标题中的30个汉字或60个字符中的若干关键词，这样商品被搜索到的概率会高很多，商品被拍下的概率才会高，商品的转化率也才会高。商品标题要能涵盖所有商品的信息，全面地诠释商品的主要特征，如"皮尔卡丹正品2018春季流行皮鞋男1140015舒适透气小牛皮潮鞋"这个标题涵盖了商品的品牌、适用季节、适用人群、货号、功能、材质、款式、是否流行等关键信息。

案例分享

不同商品标题的效果

下面是几个商品的标题。

① 3双包邮，刺绣盆底棉麻春秋情侣男女拖鞋夏季居家室内地板凉拖鞋。
② 2014春夏新款韩版百搭潮女手机迷你女包铆钉糖果冻时尚信封小包包。
③ 玉泽净颜调护洁面泡。
④ 专柜正品包邮，相宜本草水盈清透防晒露SPF30美白保湿清爽防晒霜。

对比这几个标题，可发现第三个商品的标题基本没有任何有用的信息，因为"洁面泡"这个关键词并不是很流行，如果在后面加上"洁面乳""洗面奶"等同类流行词汇会比较好，"玉泽"这个品牌也并不为大众所熟知，"净颜调护"这几个字也太过于生僻和拗口，很少有人会这样搜索化妆品，可以改成"清爽""保湿""调理"等同类词汇。可想而知，这样的商品标题导致消费者很难搜索到这个商品。而另外3个商品的描述就比较详细贴切，包含了消费者想要了解的信息。例如，第一个标题中包含了"包邮""刺绣""棉麻""春秋""情侣""男女""拖鞋""夏季""居家""室内""凉拖鞋"，基本上每一个词都是一个关键词，这样还担心消费者搜不到这个商品吗？

3. 描述商品信息

写好商品标题之后就要对商品的详细信息进行介绍了。这个部分非常关键，因为这是消费者最关心的部分。消费者通过标题搜索到该商品，接下来就是对商品的全面了解。如果商品信息介绍太过于简单或者单调，就很难吸引消费者的兴趣，或者很难使消费者放心购买。

　　一般的 C2C 电子商务平台会对商品描述提供模板。卖家可以通过商品描述模板来对商品进行描述。例如，在淘宝网的"卖家中心"的"宝贝管理"→"发布宝贝"→"填写宝贝基本信息"模块中提供了对商品进行描述和发布的模板，包括宝贝的标题、分类、价格、品牌、规格、数量、库存信息及详细介绍等，如图 4-5～图 4-7 所示。

图 4-5　发布宝贝

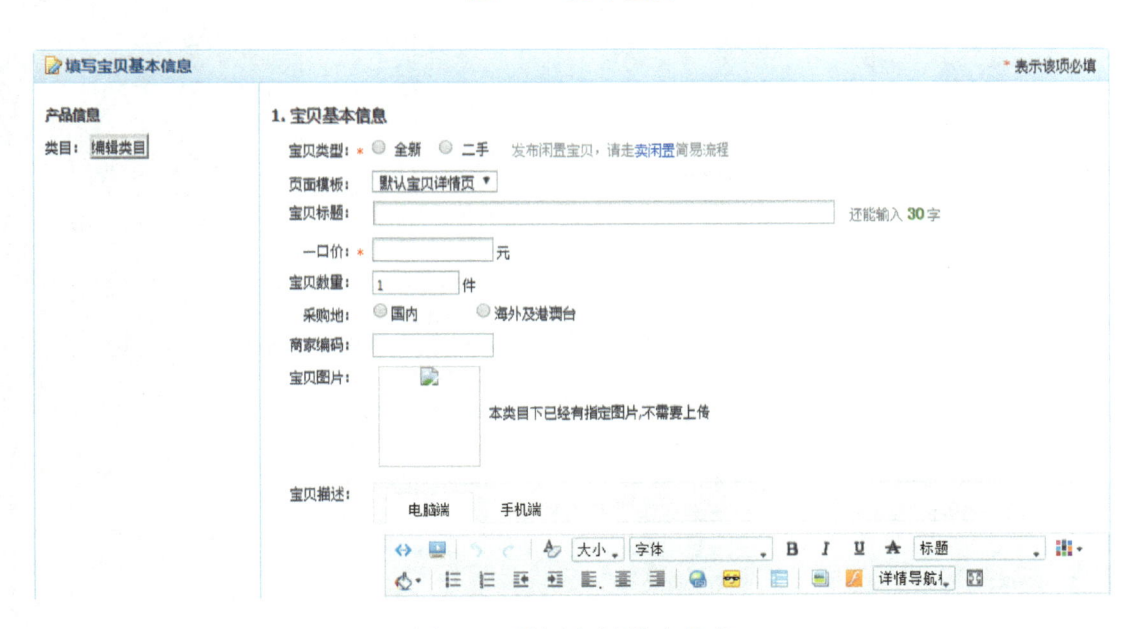

图 4-6　填写宝贝基本信息

图 4-7　宝贝描述

使用模板只是一些简单的操作，我们要重点掌握对商品进行描述的技巧。

1）商品描述的一般构成

（1）商品的基本属性。

商品的基本属性包括品牌、型号、价格、规格、数量、适用人群等。这些基本属性是消费者了解商品的基础。商品的基本属性描述界面如图 4-8 和图 4-9 所示。

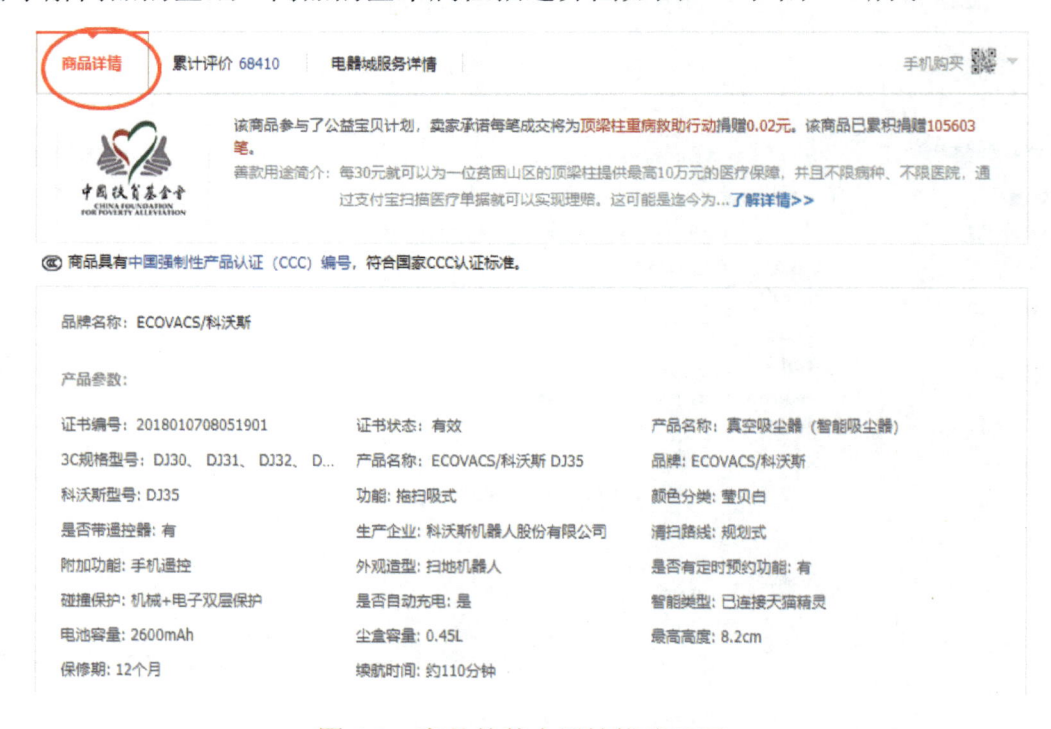

图 4-8　商品的基本属性描述界面 1

图 4-9　商品的基本属性描述界面 2

（2）优惠信息。

如果商品正在优惠活动之中，那么对优惠活动的说明也是必不可少的。这些优惠信息如果涉及其他商品的配套销售，就更要将每种配套商品的内容和价格及优惠信息介绍得详细一些，并提供配套商品的链接。商品的优惠信息描述界面如图 4-10 和图 4-11 所示。

图 4-10　商品的优惠信息描述界面 1

（3）商品的功能及特点说明。

商品的功能及特点最好使用图文结合的形式来说明。例如，使用方法演示图、细节图、模特展示等，方便消费者更直观地了解商品；同时，最好提炼出一些别出心裁的广告语或者宣传语标注在图片上，可起到更好的宣传作用。商品的功能及特点说明如图 4-12 和图 4-13 所示。

图 4-11　商品的优惠信息描述界面 2

图 4-12　商品功能及特点说明 1

图 4-13　商品功能及特点说明 2

(4) 交易说明。

交易说明一般包含买家必读、购物须知等内容，相当于交易双方的君子协议，这些协议是独立于平台规则之外的，消费者只要拍下商品就代表其对这些协议的认可。这些说明最好能体现公平原则，不能让消费者反感，同时也要清晰明了，不要相互矛盾。否则，不仅无法规避矛盾和风险，反而会适得其反。商品的交易说明如图 4-14 所示。

图 4-14　商品的交易说明

（5）客户评价及销售记录展示。

客户的一致好评是商品热销的有力证明，因此，很多卖家会在商品的信息描述中添加以往的客户好评记录或者销售记录的截图，这样可以更加有力地说服客户进行购买。当然，这必须是有一定的销售记录的商品。另外，展示的客户评价和销售记录必须是真实有效的，有些卖家将其他好评的商品的评价截图放置在描述中，如果被客户发现就很容易引起客户的反感，导致客户放弃购买。客户评价展示如图 4-15 和图 4-16 所示。

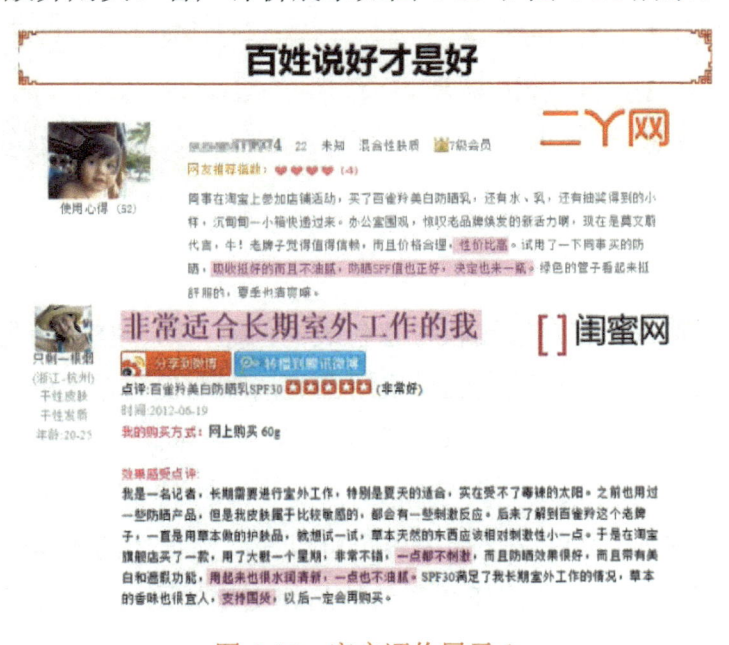

图 4-15　客户评价展示 1

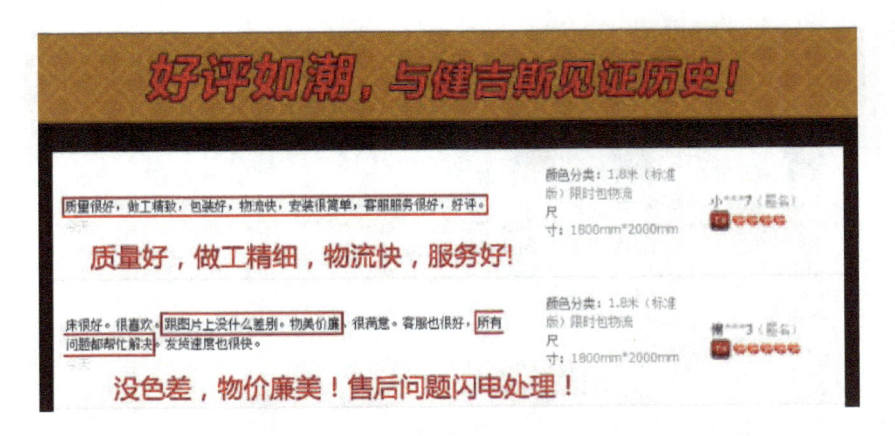

图 4-16　客户评价展示 2

（6）配送说明。

网上交易，物流问题一直是交易双方都比较关注的问题：走哪些物流或快递？一般多少天发货？多少天能到？是否送货上门？是否支持货到付款？费用如何计算？包邮活动的区域是哪些？诸如此类问题客户都比较关心，需在商品描述中进行说明。商品的配送说明如图 4-17 所示。

图 4-17　商品的配送说明

（7）包装说明。

对于一些特殊的商品，客户会比较在意包装的问题，如一些礼品类商品、一些大件的商品或者一些易碎的商品。在包装说明模块用图文清晰地说明包装的过程和细节，可以使客户更加放心地进行购买。商品的包装说明如图 4-18 所示。

（8）其他。

服务保障、会员规则、品牌文化等内容也可以在商品描述的末尾进行介绍。这些内容有助于增加客户对网店的了解和信任。商品的品牌文化如图 4-19 所示，商品的安全保障如图 4-20 所示。

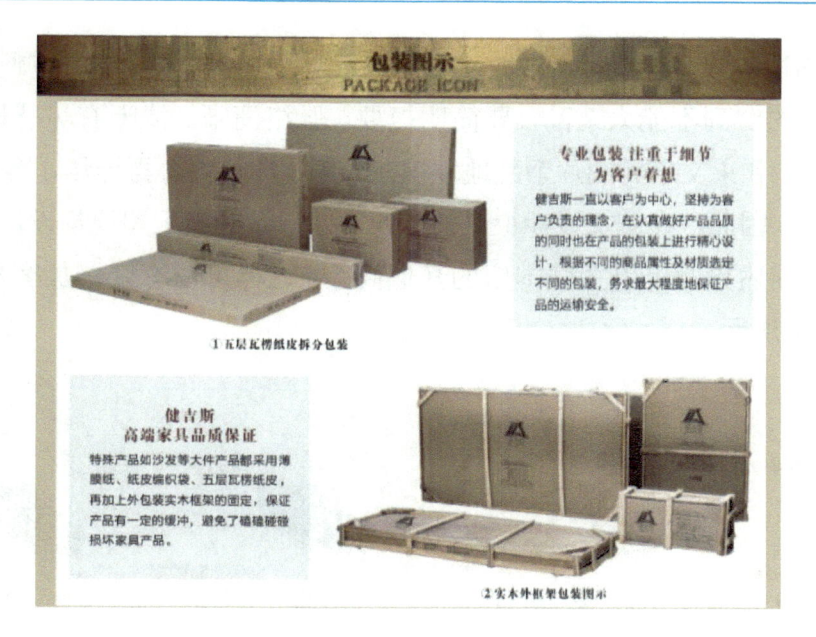

图 4-18　商品的包装说明

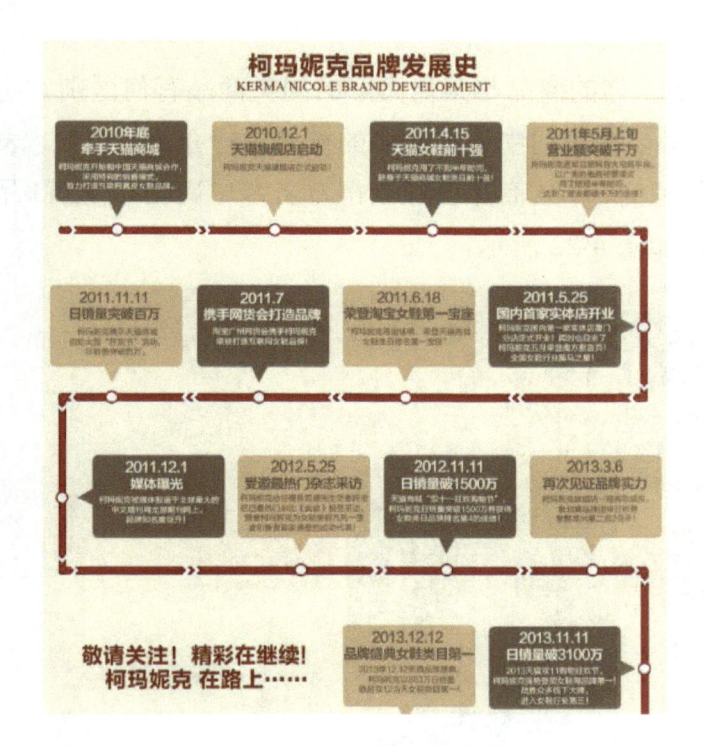

图 4-19　商品的品牌文化　　　　　　　　图 4-20　商品的安全保障

　　以上这些信息的描述并不一定要完全按照这种顺序进行排列，卖家可以根据自己的需要和想要强调的重点来安排顺序，但是一般来说，促销信息一定要放在比较显眼的位置，因为这些信息是吸引客户的一个关键内容。记住，客户越关心的内容位置要越靠前。

　　2）商品描述中的注意事项

　　（1）商品描述一定要尽量详细、全面地概括商品的内容、属性。卖家最好站在客户的角度想象他们想要了解的信息，如果可以，将这些信息全部列出来。

（2）商品描述应该尽量使用"文字+图像+表格"的形式，这样更方便客户了解商品。另外，这些信息的罗列不能太杂乱，要简明扼要，脉络清晰。清晰有美感地描述界面也是网店的特点之一，如果文字和图片杂乱地堆积在一起，即使内容再详尽，客户可能也不愿意耐心地看完介绍。因此，在图文设计上最好专业一些，做好美工和视觉设计的工作。

（3）在商品描述界面可以关联本店的其他商品，这样可以有效增加客户的点击率和客单量，如图4-21所示。

图4-21　关联其他商品

（4）在描述中突出商品的优势和特点。你的商品与其他卖家的同类商品有何区别？这是客户非常关心的问题。因此，卖家有必要在描述中增加类似的模块进行介绍。例如，表明本店是该商品的代理商甚至是唯一代理商、本店商品已经获得万名客户认证、本店商品由独家设计师设计等。商品的优势分析如图4-22所示。

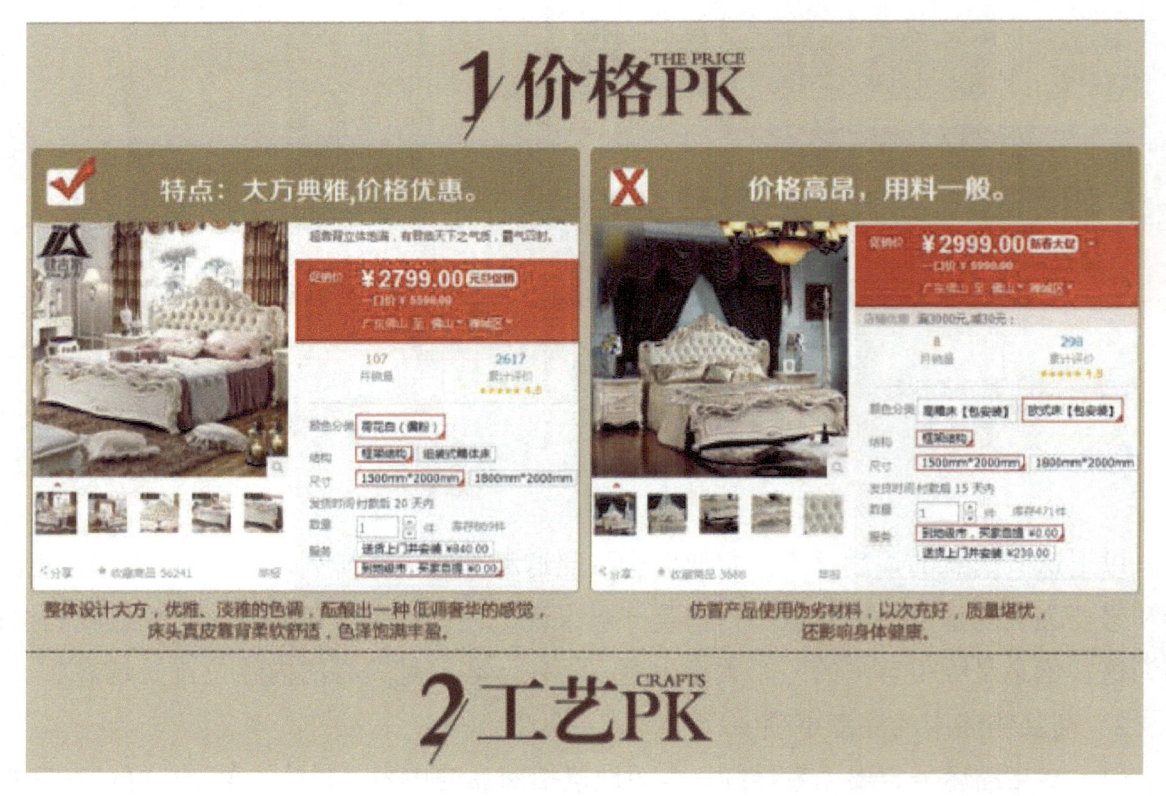

图4-22　商品的优势分析

（5）可以在商品描述的末尾注明卖家的相关信息，如卖家的联系方式、厂家的生产过程说明、线下网店说明等。

以上这些注意事项都是为了一个目的，即让客户在众多的网店中能够选择购买你的商品。

课堂讨论

你能在各购物网站上找到一些优秀的商品描述的例子吗？说一说这些商品描述都包含了什么信息。

4. 发布商品

发布商品的过程与商品描述的过程是一体的。在商品发布过程中需要对商品进行各种描述。目前各大 C2C 电子商务平台的商品发布的流程比较一致。有的平台还会提供多种形式的发布方式。例如，淘宝网提供了一口价的方式、拍卖的方式、淘宝网助理的方式及团购的方式来发布商品。这些发布流程都比较简单，按照相应的流程进行操作即可。以淘宝网为例，商品发布的流程如下。

确定商品的类目。进入"卖家中心"，选择"宝贝管理"→"发布宝贝"选项，进入发布宝贝管理界面，如图 4-23 所示，填写类目信息。此类目信息一定要填写准确，符合所卖商品的类目。

图 4-23　发布宝贝管理界面

选好经营的类目后，分别将其下的基础信息、销售信息、图文描述、支付信息、物流信息、售后服务 6 个模块中的内容填写完整，如图 4-24～图 4-29 所示。

图 4-24　基础信息

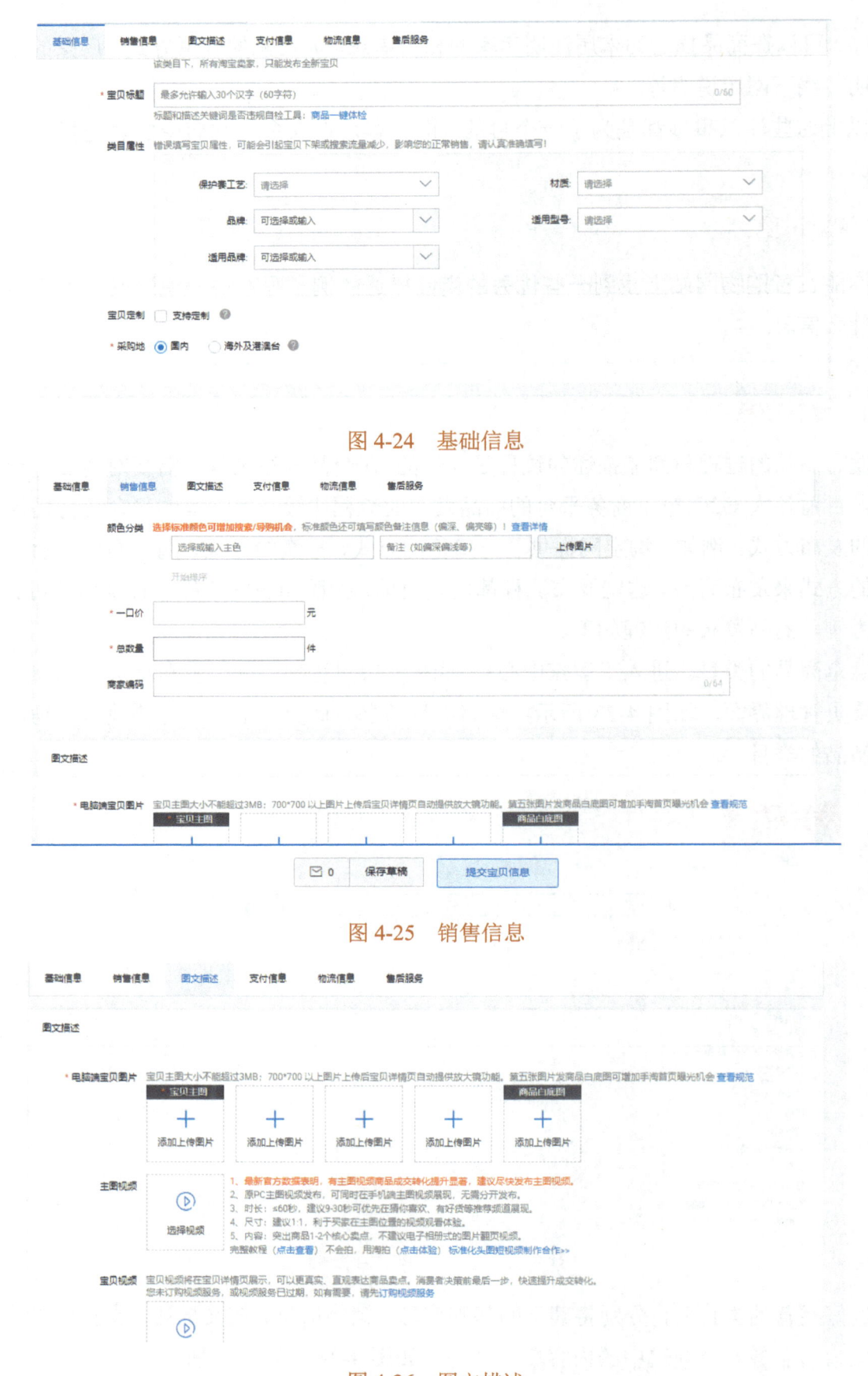

图 4-25　销售信息

图 4-26　图文描述

图 4-27 支付信息

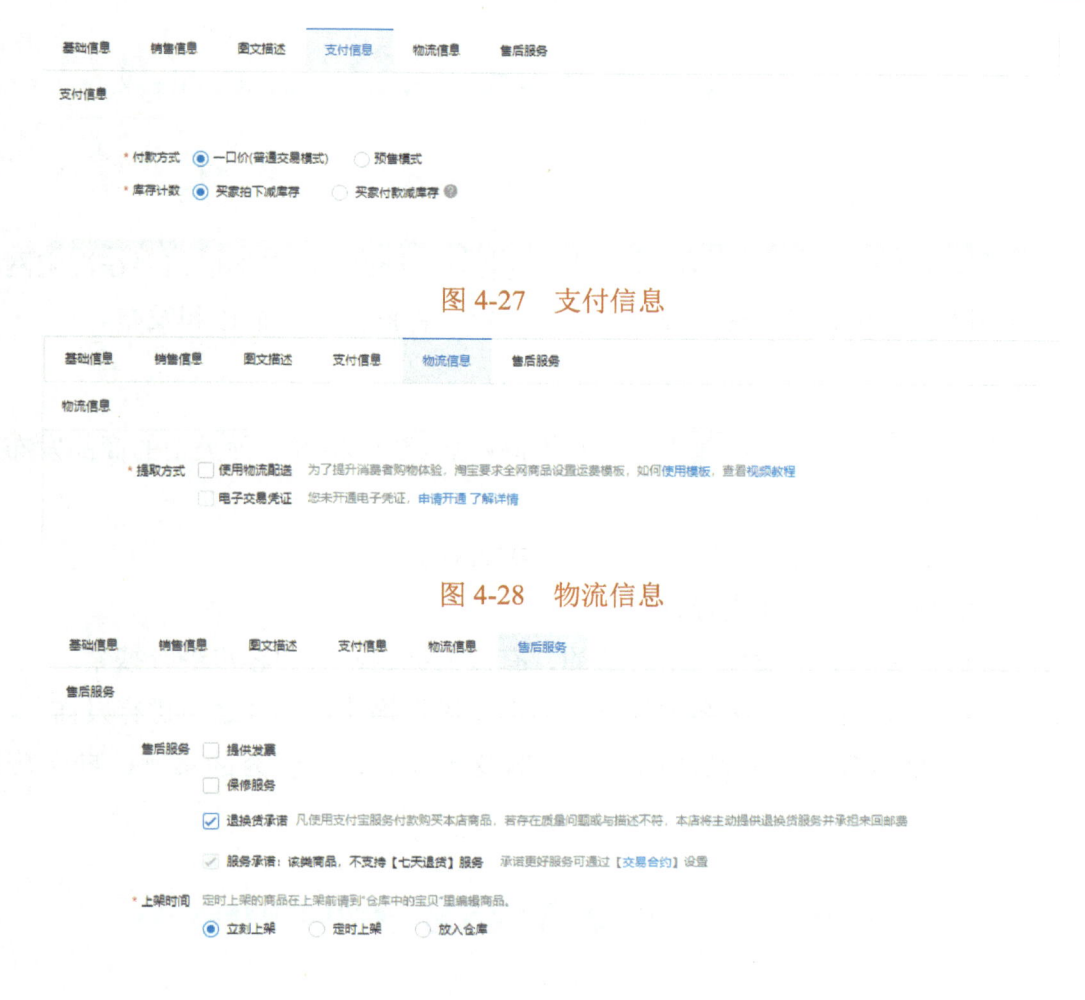

图 4-28 物流信息

图 4-29 售后服务

完成以上 6 个模块的填写后,单击"提交宝贝信息"按钮,便可以发布宝贝了,如图 4-30 所示。

图 4-30 商品发布页面

本节任务

任务背景

你和你的同桌要合伙开一家小饰品网店，主营女性饰品。现在你们需要在淘宝网中开设一个小饰品网店，并对商品进行分类，然后对每一件商品进行描述和发布。

任务要求

请每两人为一组在淘宝网中建立一个小饰品网店，至少将每一种类型的商品发布一件到网店中进行销售。

首先，在系统中给自己网店的商品进行分类管理。

其次，对商品的配送方式进行设置。

再次，给每一种商品都设计一个合适的、有效的标题，方便客户进行搜索。

最后，对每一种商品以文字和图片结合的形式进行描述，完成之后进行发布。

完成之后，教师选出整体设计优秀的案例及各部分设计优秀的案例，向全班进行展示。

课后思考与练习

一、名词解释

商品关键词　商品描述　商品发布

二、简答题

1．简述商品描述的基本步骤。

2．编辑商品标题时有哪些技巧需要注意？

3．请在各电子商务网站中搜索一些优秀的和失败的商品描述的案例向全班进行展示。

三、填空题

1．商品的基本属性包括_____、_____、_____、_____、_____、_____等。

2．如果你要为一件卫衣设计商品名称，你会设计什么关键词（请写出5个）？

任务 2　设置网店版面

任务目标

1. 了解网店页面的主要模块及其相应的功能。
2. 了解网店版面设置的主要方法和流程。
3. 能熟练使用版面设计工具进行网店版面的设计。
4. 能根据不同的要求和目的设计不同的网店版面。

知识储备

所谓网店装修，就是将原本平淡无奇的页面通过各种图片、动画、文字等元素进行美化，从而使网店变得更生动、形象。网店装修最主要的内容就是进行网店的版面设置。版面设置就是对网店的主要板块进行设计。一般来说，需要经过下面几个步骤。

1. 确定网店的整体装修风格

作为卖家，对自己所开设网店的主营项目肯定是熟悉的，因此可以根据网店的主营项目决定装修的风格。假如网店销售的商品是儿童玩具，如果使用过于稳重的风格，显然是不太适合的，可以选择可爱、活泼、卡通一点的风格，如图4-31所示。

图4-31　儿童玩具店的整体装修风格

同一种商品也可以有不同的装修风格，如珠宝首饰店可以有高贵、稳重、时尚、简约等多种装修风格，如图4-32和图4-33所示，可以根据自己的喜好进行选择。

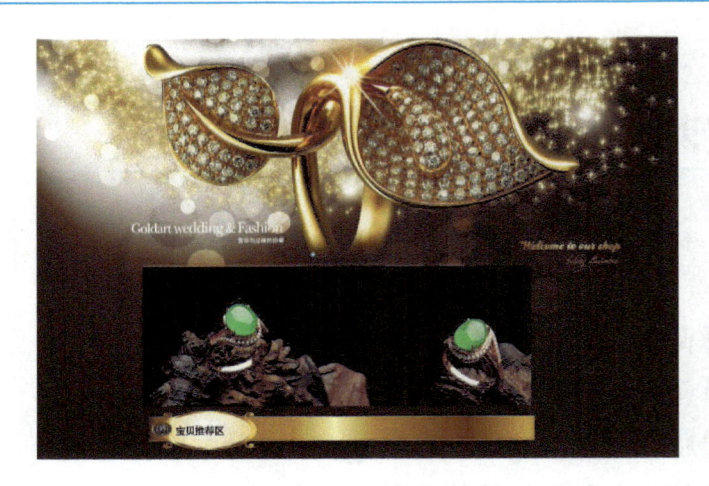

图 4-32　珠宝首饰店整体装修风格案例 1

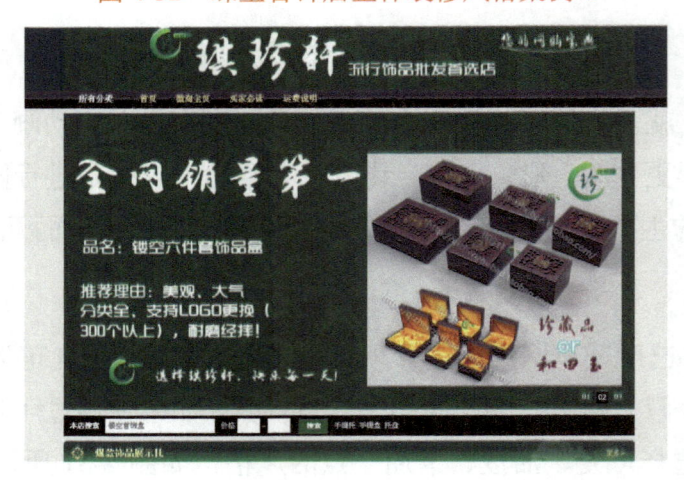

图 4-33　珠宝首饰店整体装修风格案例 2

　　网店装修需要很多图片素材，因此，在确立好装修风格之后，就要寻找合适的素材。可以在网络中收集素材，常用的素材网站有千图网（其首页如图 4-34 所示）和昵图网（其首页如图 4-35 所示），在搜索框中输入相关关键字进行搜索，就会搜索到相应的素材。

图 4-34　千图网首页

图 4-35　昵图网首页

找到合适的素材后，可以购买相关的图片素材版权，并进行分类整理，方便以后使用。

课堂讨论

如果你在网上开设了一家玩具店，你会将该网店装修成什么风格呢？

2. 确定网店的主色调

确定完网店的风格并寻找好或者制作好相关素材后，就要确定网店的主色调。色彩心理学家认为，不同的颜色会对人的情绪和心理产生不一样的影响，红、黄、橙等暖色能够使人感觉温暖，心情舒畅；而青、灰、绿等冷色容易使人感到清净自然。白、黑色是视觉的两个极点，一般认为黑色会使人分散注意力，并产生郁闷、乏味的感觉；白色有素洁感，但是由于其对比度太强，久看也容易使人头痛不舒服。

不同的商品要设计不同的网店主色调才能突出商品的特色。例如，服装店比较适合选择以黑、白、灰为主色调，这样的主色调能够衬托出各种商品的颜色，突出服装的特色。如果要开一家装饰品网店，可以选择粉红、粉蓝等柔和又可爱的颜色作为网店的主色调。一般来说，最好用同一种感觉的色彩，如淡蓝色、淡黄色、淡绿色，或者土黄色、土灰色、土蓝色。同一色系的配色要领是，只要保证亮度不变，色相可以任意调节，这样就可以调出同一种感觉的色彩了。

案例分享

神奇的色彩营销

成功案例 1： 健力宝集团的爆果汽饮料上市之时，打破传统饮品用色，针对目标消费人群大胆定位，采用黑色个性包装，在超市的陈列架上，黑色的包装在众多的红、绿、蓝色包装中脱颖而出,吸引了不少消费者的眼球,暂且不说爆果汽的口感及后来的命运如何,它的色彩策略在上市之初尝足了成功的快感。

成功案例 2:曾有一家咖啡店位于闹市,服务优质,咖啡味道纯正,但生意一直不好,后来老板对店内的装饰稍加改动:把店门和墙壁涂成绿色,把桌椅涂成红色,店内进行合理的色彩区隔,结果客户大增。原因就在于:恬静的绿色属于冷色调,具有镇静作用,诱使人们前来小憩;而红色易使人兴奋,使人们喝完咖啡后心情愉悦地离去。

成功案例 3:LG 公司的巧克力手机产品就是在长年对中国消费者调研分析的基础上推出的个性产品,其营销策略是巧克力手机红与黑的色彩搭配产生了巨大的视觉冲击力,这种强大的色彩差异让消费者在第一眼看到它时就产生怦然心动的感觉。

成功案例 4:可口可乐的包装虽然在图案上不断变化,但是其主打色红色一直未变,红色是青年人的色彩,是运动的色彩,也是可口可乐公司永葆朝气的象征。

在配色中,还要记住一些基本技巧。

(1)不要将所有颜色都用到,尽量控制在 3 种颜色以内。例如,如图 4-36 所示的网店就是一个反面案例,看上去比较杂乱,没有美感。

图 4-36 网店颜色太乱

(2)背景和文字的对比反差要尽量大,绝对不要用花纹繁复的图案作为背景,也不要用和背景色一致的颜色标注文字,以便突出主要文字内容。图 4-37 中的文字和背景的搭配欠妥,文字看起来非常不清晰,无法勾起消费者浏览的欲望。

图 4-37 背景和文字的对比不明显

(3)网页最常用的流行色。

① 蓝色:蓝天白云,沉静整洁的颜色。

② 绿色:绿白相间,雅致而有生气。

③ 橙色：活泼热烈，标准的商业色调。

④ 暗红：宁重、严肃、高贵，需要搭配黑色和灰色来压制刺眼的红色。

（4）颜色搭配的忌讳。

① 忌脏：背景与文字内容对比不强烈，灰暗的背景令人沮丧。

② 忌纯：艳丽的纯色对人的刺激太强烈，缺乏内涵。

③ 忌跳：再好看的颜色也不能脱离整体。

④ 忌花：要有一种主色贯穿其中，主色可以不是面积最大的颜色，但必须是最重要、最能揭示和反映主题的颜色，就像领导者一样，虽然在人数上居少数，但起决定作用。比较优秀的颜色搭配案例如图4-38和图4-39所示。

图 4-38 　整体色调搭配优秀案例 1

图 4-39 　整体色调搭配优秀案例 2

（5）几种常用的固定搭配。

① 蓝白橙——蓝为主调，白底，蓝标题栏，橙色按钮或图标做点缀。

② 绿白蓝——绿为主调，白底，绿标题栏，蓝色或橙色按钮或图标做点缀。

③ 橙白红——橙为主调，白底，橙标题栏，暗红或橘红色按钮或图标做点缀。

④ 暗红黑——暗红为主调，黑或灰底，暗红标题栏，文字内容背景为浅灰色。

3. 网店首页设计

确定了网店的主色调之后，就要对网店的各个板块进行设计了。一般各大电子商务平台会提供一些网店的装修模板。例如，淘宝网的网店管理平台中有"网店装修"模块，在其中可以进行多项网店设置，主要包括基本设置、风格设置、添加板块、宝贝页面设置、导入/导出。但是只依靠模板可能不能充分突出网店的特色。因此，我们也要对网店的版面进行个性设计，这里先介绍如何对网店首页进行设计。

网店的首页布局如同一个商店的内部结构布置，有些网店里的商品错落有致，网店介绍、网店活动醒目而大方，商品分类清晰、明了，给进入商店的消费者一种轻松、便捷、愉快的购物心情。一般来说，网店首页的设计要考虑以下几个模块。

1）店招设计

店招（Banner）也就是招牌，是我们进入网店时第一眼看到的门脸，它位于网店的最上方，同时还会在详情描述页、分类页、内页显示，可以说是网店中曝光度最高的部分，其重要性不言而喻。那么店招该如何设计？店招的设计要求就是简单、明了，迎合整店的风格，需要传播的内容主要包括店名、品牌（Logo）、权重等元素，让消费者知道网店销售的是什么商品、品牌元素是什么、有什么独有的权重。总体来看，这部分的设计主要属于形象设计，切勿面面俱到、本末倒置，很多卖家把店内的活动、店内的推荐商品、个人喜好的元素和图片全都放进来，视觉上杂乱不堪，信息上多而杂且没有重点，从而使店招失去了其形象门面的作用。店招设计优秀案例和对比案例分别如图4-40和图4-41所示。

图4-40　店招设计优秀案例

图4-41　店招设计对比案例

2）导航设计

网店导航就是网店附带的商品及网店信息，这些信息包括品牌介绍、网店介绍、售后服务、特惠活动等，导航的设置根据自身实际情况而定，不是越多越好，而是结合自己网店的运营情况，选取对自己网店经营有帮助、相对竞争对手有优势的内容，以及自己独有的网店介绍、网店文化的内容。导航内页在网店运营中可以被看作"撒手锏"，导航在首页布局所占的比例并不大，但是它所附带传播的信息对于塑造网店的个性化形象至关重要。导航设计成功案例和对比案例分别如图 4-42 和图 4-43 所示。

图 4-42 导航设计成功案例

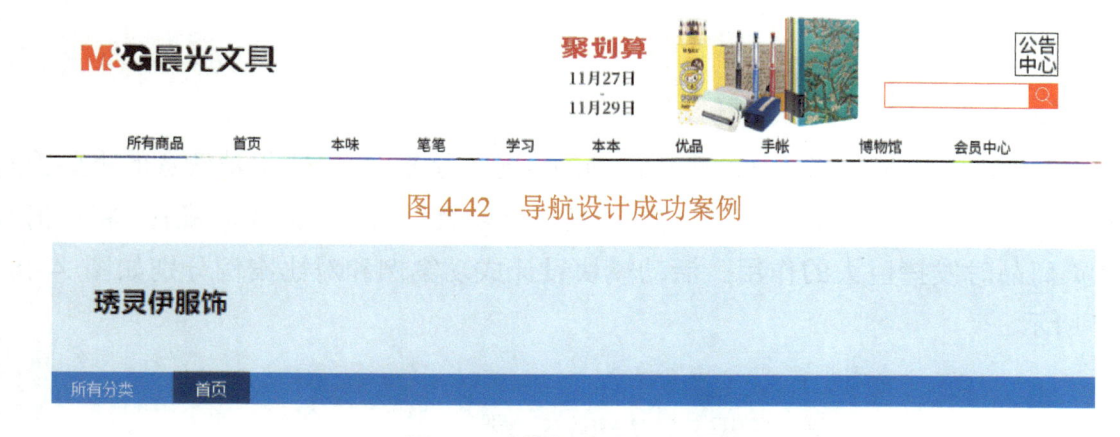

图 4-43 导航设计对比案例

3）首页海报

从结构上来看，目前海报的设置主要分为首屏的形象巨幅海报、展示模块之间的商品推荐海报。对于单张海报的设计可以无拘无束，只要适合商品就可以，可以表达出所希望传达的内容即可，但是在网店中的海报设计必须结合首页整体的设计风格——网店的色彩、艺术风格等，充分地表现设计的整体性。因此，设计海报的人我们称其为设计或者美工，协调整体页面的设计人员我们才称呼其为设计师。海报设计成功案例和对比案例分别如图 4-44 和图 4-45 所示。

图 4-44 海报设计成功案例

图 4-45 海报设计对比案例

4）活动模块

网店的活动模块是卖家举行的营销活动的视觉展示部分,是吸引消费者的重要因素之一。活动模块设置结构是否合理、视觉设计是否可以吸引入店的潜在消费者,将在消费者后续浏览商品时发挥巨大的作用。活动模块设计成功案例和对比案例分别如图 4-46 和图 4-47 所示。

图 4-46 活动模块设计成功案例

图 4-47 活动模块设计对比案例

5）商品展示

在网店首页上所能看到的商品都是通过各种展示形式得以实现的。其中最简单的方式就是网站自身的商品展示系统,就是卖家常用的自定义选择。当然这是最简单也是最基本的方式,人人都会用。但是这样的展示方式既不直观也不美观,更无从谈起突出重点,网店里会有一些商品是卖家的主推商品,这些商品或者因为品质好、包装好、利润空间大等因素被卖家定位为店里的主推商品,那么我们就该考虑用什么样的方式把这些商品展现出来。因此,我们需要设计商品的展示模块,这样的模块可以是几张大幅的海报,也可以是一组各式各样结构的展示架构,最终以什么样的方式在消费者眼前展现出来将由设计师的创意实现。网店中一般的商品展示案例和优秀的商品展示案例如图4-48和图4-49所示。

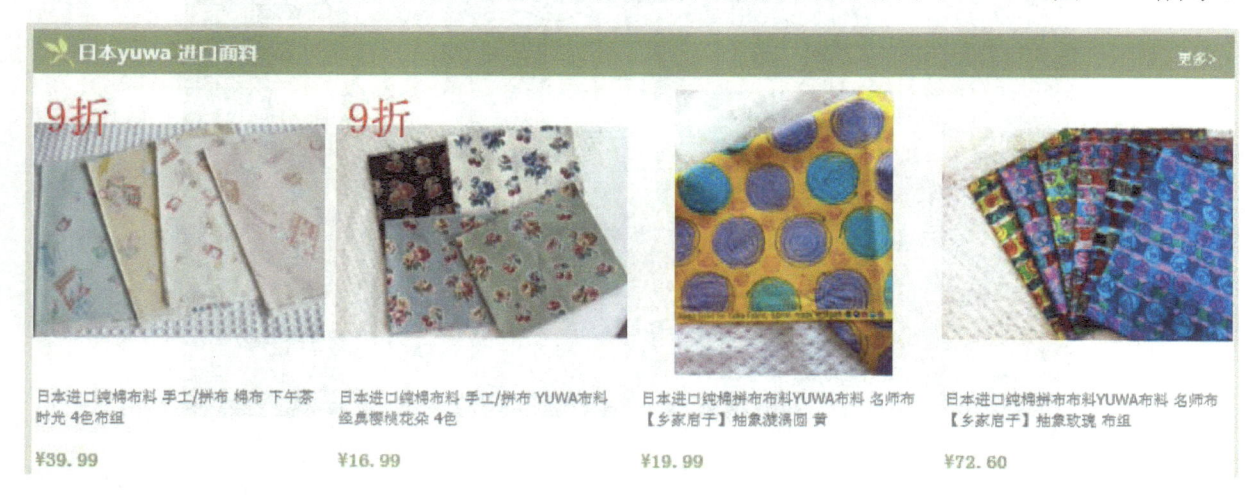

图4-48　一般的商品展示案例

图4-49　优秀的商品展示案例

6）分类模块

网店内的商品大多是有分类的,尤其是商品比较多的网店,最简单的方式就是在淘宝网网店后台分类管理中简单录入分类名称,这样首页就可以通过文字的形式把网店中的分类展示出来。分类模块可以起到分类的作用,但是同样是既不美观也不直观,很难与网店的整体设计融合,在此完全可以通过各种平面视觉的手法去装饰它、美化它,使之完美地与网店形成一体。网店优秀的分类设计案例和普通的分类设计案例如图4-50和图4-51所示。

图 4-50　优秀的分类设计

图 4-51　普通的分类设计

以上这些版面的设计需要结合美工技巧进行，否则即便有再好的想法也无法设计出优秀的网店版面。在此只介绍了设置网店版面设计的主要方法和理念，具体的设计技巧详见相关教材的相应内容。

另外，网店的版面设置还包括商品的介绍页面的设计，这部分内容将在任务 4 中进行详细介绍。

本节任务

任务背景

你和你的同桌合伙开了一家箱包网店，主营真皮女士手提包和钱包，价格一般都在 200 元以上。但是你们的营业业绩并不好。你们咨询了一个网店专家，他看了你们的网店版面之后告诉你们，你们的网店版面设计太没有特色了，颜色全部都是白色底色，色彩太单一，无法吸引消费者，而且网店的首页设计也过于简单，没有突出的地方。因此，他建议你们重新装饰一下网店的版面，打造一个有特色的箱包店。

任务要求

请每两人为一组在淘宝网中建立一个箱包网店,并设计自己的网店版面。

首先需要给网店取一个名字,然后用简单的文字描述风格内容,填写在表 4-1 中,最后根据表格内容来设计网店版面。

表 4-1 装修设计表

网店整体装修风格		主色调	
店标设计		导航设计	
海报设计		活动设计	
商品展示设计		分类设计	

完成之后,教师选出整体设计优秀的案例及各部分设计优秀的案例,并向全班进行展示。

课后思考与练习

一、简答题

1. 网店版面设计有哪些方面?各方面需要注意哪些内容?
2. 请在各电子商务网站中搜索一些优秀的和失败的网店版面设计案例,并向全班展示。

二、判断题

1. 如果你的网店是卖儿童玩具的,你可以选择可爱、活泼、卡通一点的风格。
(   )
2. 在配色中,不要将所有颜色都用到,尽量控制在 5 种颜色以内。 (   )
3. 背景和文字的对比要尽量大,绝对不要用花纹繁复的图案作为背景,也不要用和背景色一致的颜色标注文字,以便突出主要文字内容。 (   )
4. 商品标题通常要包含 30 个汉字或 60 个字符。 (   )

任务 3 制作和发布动态店标

任务目标

1. 了解店标的含义及其功能。

2．了解网店动态店标的制作方法和制作流程。

3．熟练使用 Photoshop 和 Ulead GIF Animator 软件进行动态店标的制作。

4．能根据不同的要求和目的设计不同的动态店标。

知识储备

1．了解店标及其功能

店标是网店的标志，在网店中主要以两种形态表现：静态图像和动态图像。各个平台的店标的设计规格不一样，如淘宝网规定店标的尺寸为 100 像素×100 像素，且仅支持 GIF 和 JPG 格式，因此店标图片的大小建议限制在 80KB 以内。如图 4-52 所示为一些店标的设计效果。

图 4-52　漂亮的店标案例

店标是普通网店的"脸面"，能够代表网店的基本形象，好的店标可以吸引更多客户，因此店标的设计是非常重要的。店标是让客户识别并简单了解网店的小窗口。要设计一个好的店标，首先必须了解网店所售商品属于什么行业，根据商品所属行业，通过输入关键字在网站上找到相关的素材，然后从颜色、图案、字体、动画等方面着手，在符合网店类型的基础上，使用醒目的颜色、独特的图案、精心设计的字体，以及强烈的动画效果，就可以给人留下深刻的印象。在淘宝网上，店标会出现在以下位置。

（1）店标显示在普通网店首页的左上角，如图 4-53 所示。

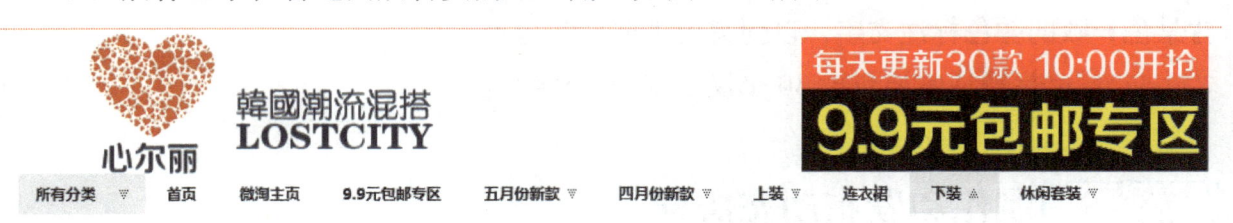

图 4-53　店标显示位置 1

（2）店标显示在网店列表左侧，这里的尺寸可能会与前面的尺寸有区别，若图片为 80 像素×80 像素，系统会自动将其显示为适合的尺寸，如图 4-54 所示。

图 4-54　店标显示位置 2

> **课堂讨论**
>
> 说一说动态店标有什么特点和优势。

2. 设计动态店标

设计静态店标比较容易，一般直接在素材库下载已获得图片版权的素材之后用相应的图像处理软件处理成想要的图形即可。相对而言，设计动态店标的难度较大。

在设计动态店标之前需要收集素材，并且要将这些素材进行修改，使其像素和尺寸符合要求。修改和调整图像尺寸的图像处理软件很多，如 Photoshop、美图秀秀等。在此以美图秀秀软件为例进行说明。

1）为素材添加文字

第一步，用美图秀秀软件打开要处理的素材图片，如图 4-55 所示。

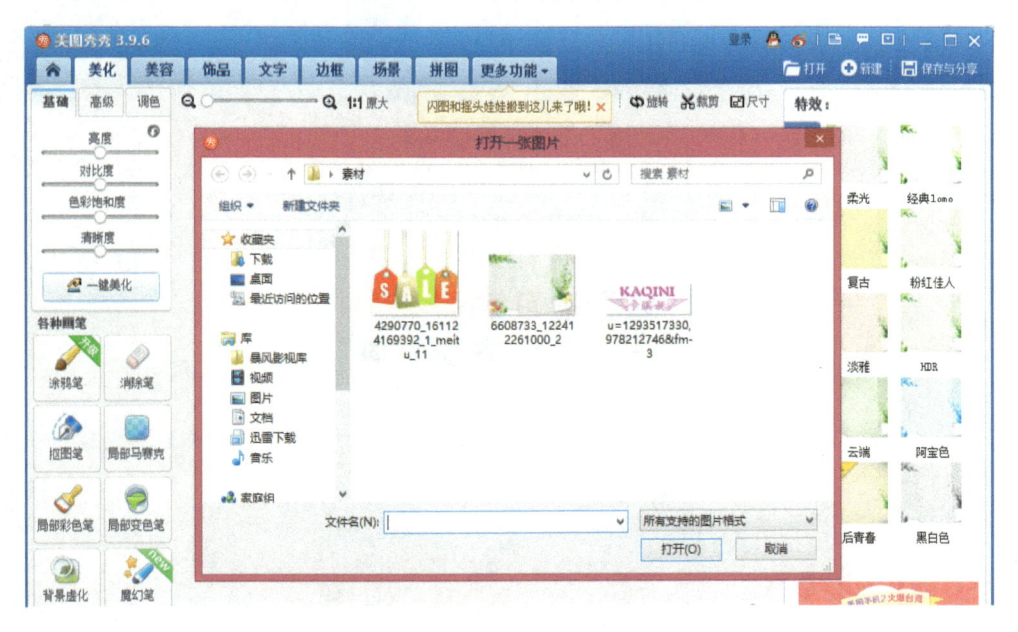

图 4-55　打开素材

第二步，选择"文字"选项卡，如图 4-56 所示。

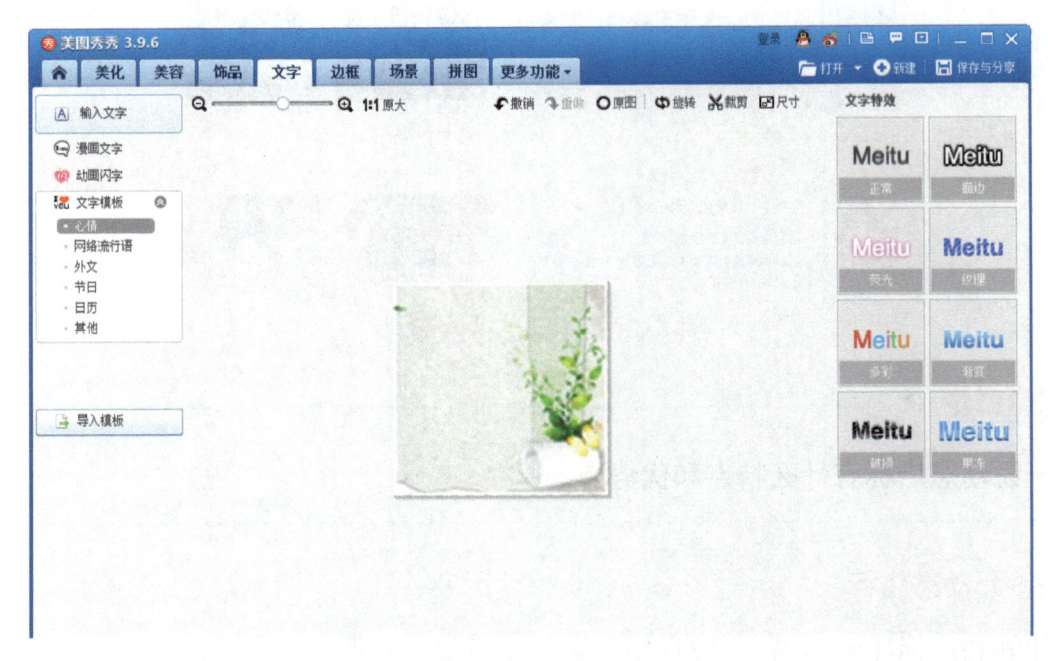

图 4-56　"文字"选项卡

第三步，单击"输入文字"按钮，弹出"文字编辑框"对话框，如图 4-57 所示。输入需要添加的文字，如店名、欢迎语等，然后对文字的字体、颜色、大小进行编辑。设置完成之后单击"应用"按钮。

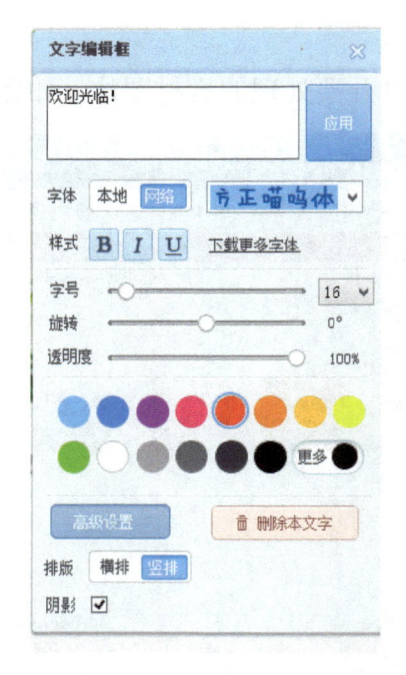

图 4-57　"文字编辑框"对话框

第四步，将文字移动到合适的位置并保存，如图 4-58 所示。

图 4-58　移动文字的位置并保存

2）设计素材尺寸

第一步，用美图秀秀软件打开要处理的素材图片，如图 4-59 所示。

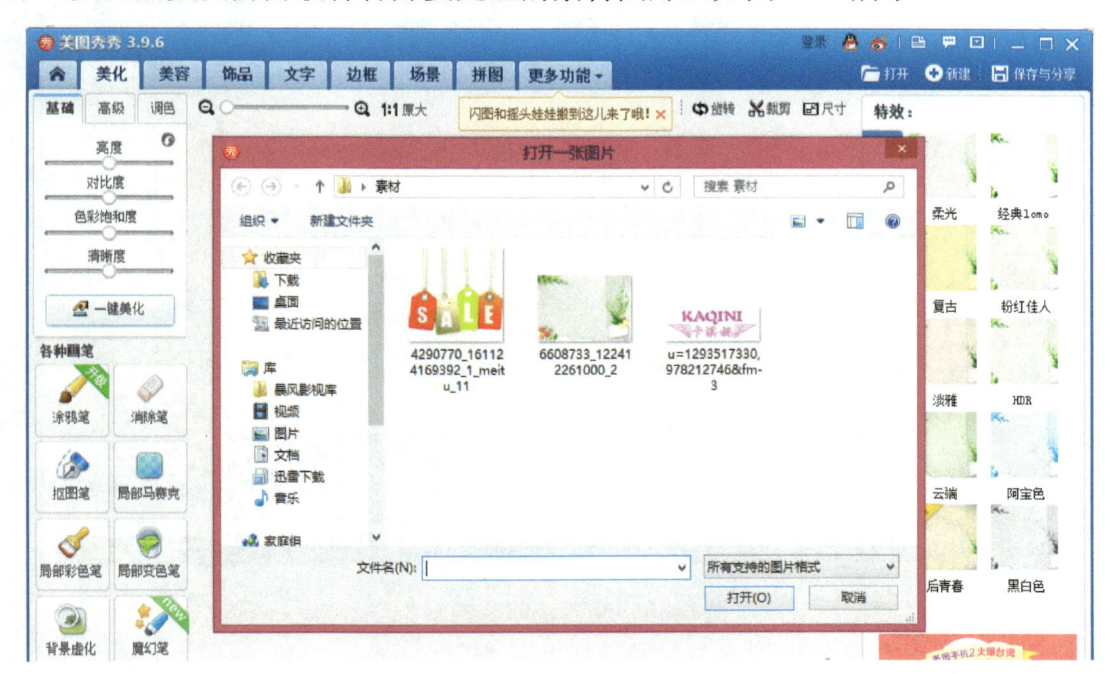

图 4-59　打开素材

第二步，单击右上角的"裁剪"按钮，将高度和宽度设置成规定的尺寸，并勾选"锁定裁剪尺寸"复选框。确定尺寸后再选择需要裁剪的图形模块，完成裁剪，如图 4-60 所示。

图 4-60　裁剪图片

第三步，保存裁剪后的素材，如图 4-61 所示。

图 4-61　保存裁剪后的素材

3）制作动态店标

制作动态店标需要使用制作 GIF 动画的软件，这类软件有很多种，Ulead GIF Animator 就是其中一款专业的 GIF 动画制作软件，Ulead GIF Animator 软件内有许多现成的特效可以套用，而且能将 GIF 动画最佳化，能压缩网页上的 GIF 动画，以便让人能够更快速地浏览网页。Ulead GIF Animator 界面如图 4-62 所示。

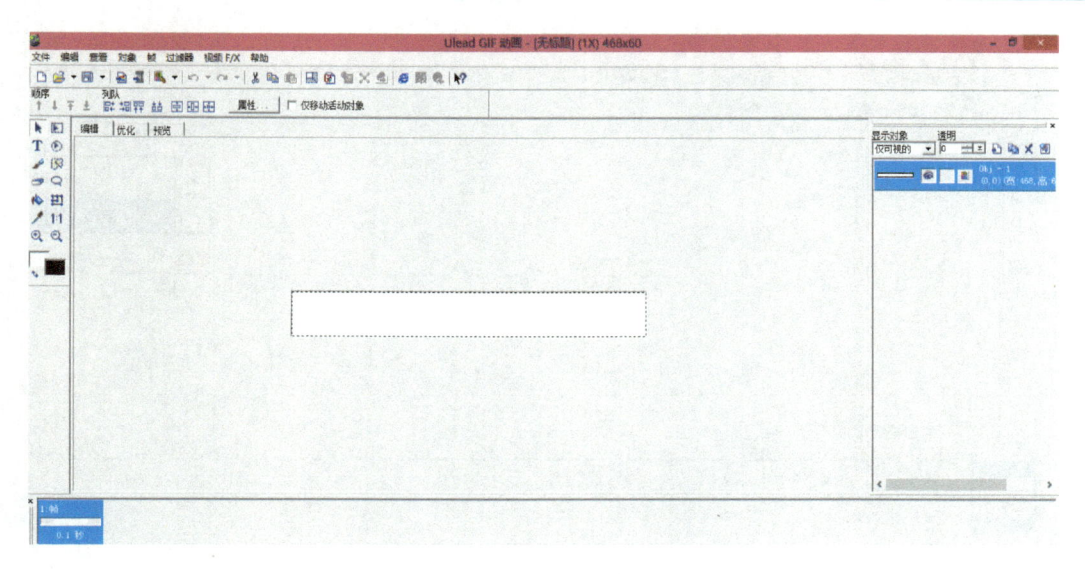

图 4-62　Ulead GIF Animator 软件的界面

第一步，选择"文件"→"新建"命令，弹出"新建"对话框，将高度和宽度都设置为需要的尺寸，如图 4-63 所示。

第二步，选择"文件"→"添加图像"命令，弹出"添加图像"对话框，选择需要添加的已经制作好的静态图片，如图 4-64 所示。

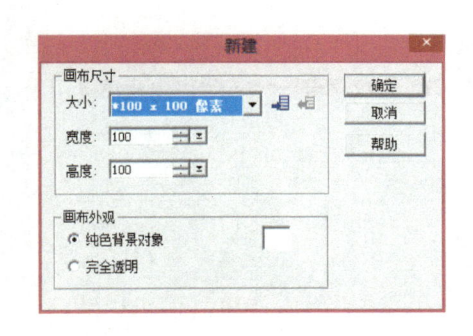

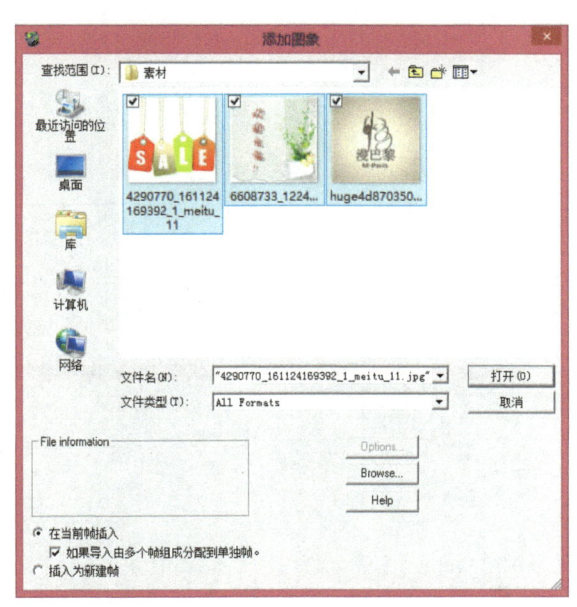

图 4-63　"新建"对话框　　　　图 4-64　"添加图像"对话框

第三步，图片添加之后如图 4-65 所示。

第四步，在界面下方的帧面板的空白区域中右击，在弹出的快捷菜单中选择"添加帧"命令，添加一个空白帧，如图 4-66 所示。一般添加有几幅图就需要几个空白帧。

第五步，在界面右侧的面板中单击需要显示的图片缩略图后面的方框图标，其图标变为眼睛形态，表示显示该图层，如图 4-67 所示。

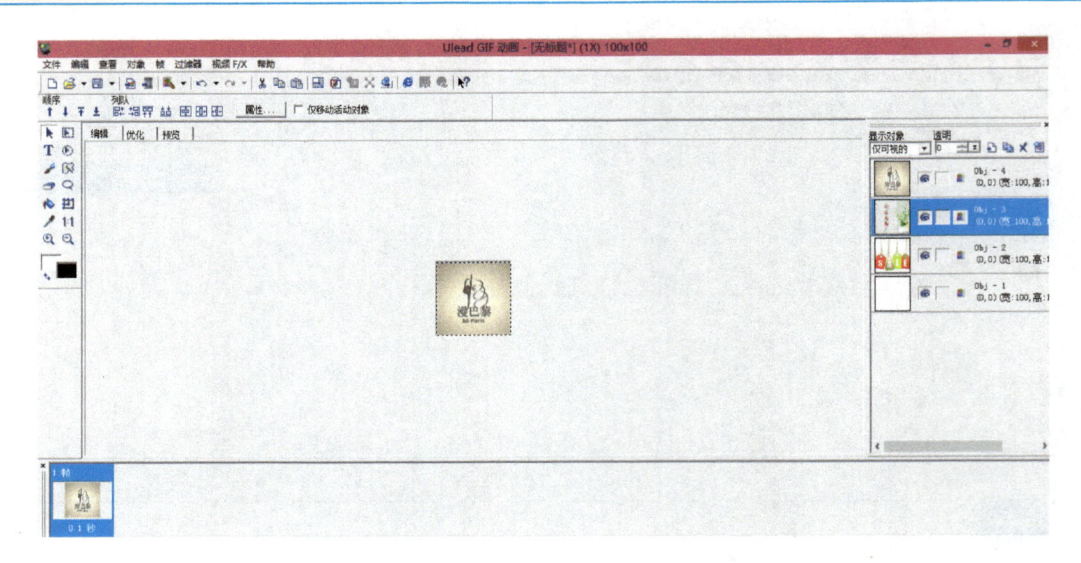

图 4-65 图片添加之后

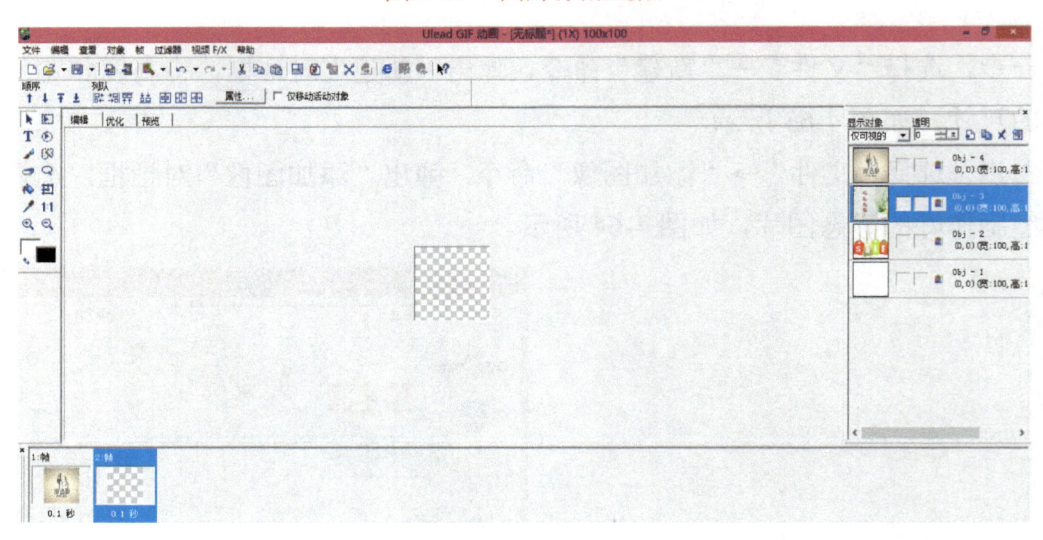

图 4-66 添加空白帧

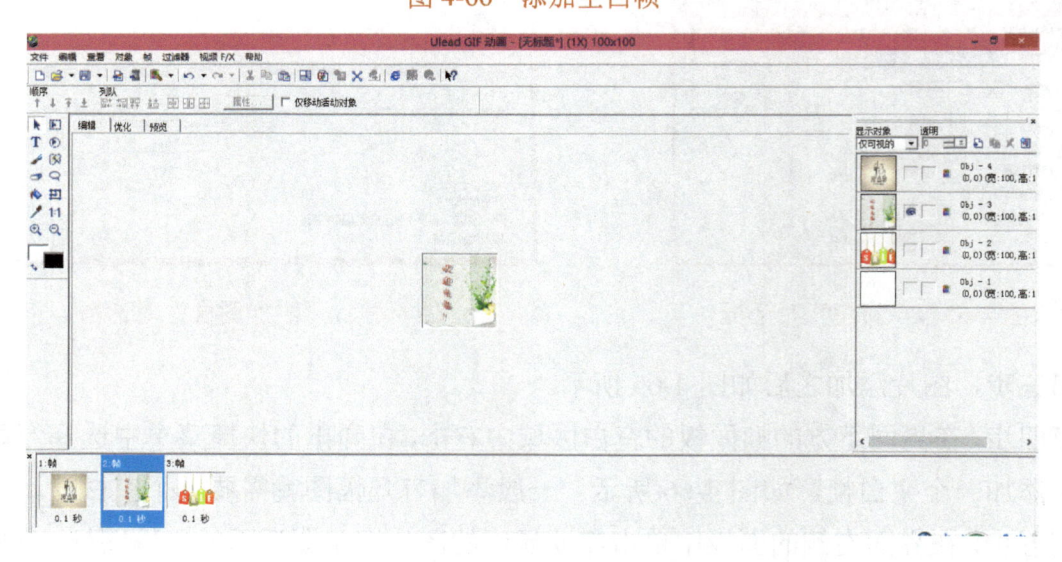

图 4-67 将需要的图层显示出来

第六步，此时已完成一个动态图标的设计，但是系统默认的每幅图显示的时间只有0.1秒，这个速度一般比较快，可以右击帧面板中的每幅图，在弹出的快捷菜单中选择"画面帧属性"命令，弹出"画面帧属性"对话框，修改延迟时间，如图4-68所示。

单击"确定"按钮，此时的界面如图4-69所示，此时单击"预览"按钮便可以查看动态图标。

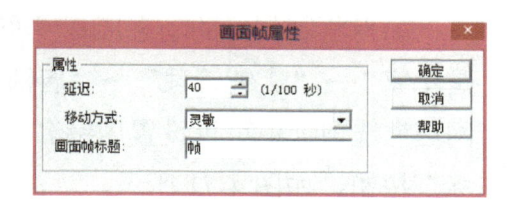

图4-68　"画面帧属性"对话框

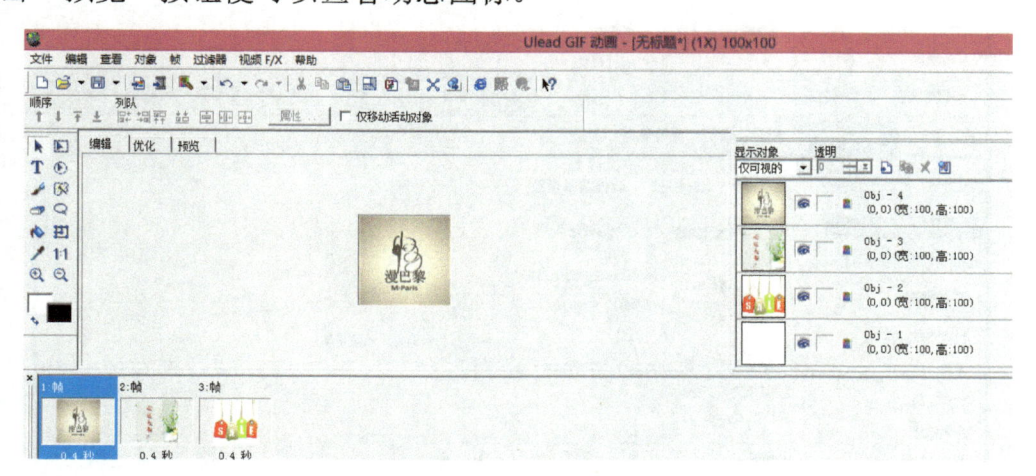

图4-69　调整延迟时间后的界面

如果此时对动态图标还不满意，还可以继续进行修改。如果已经满意，便可以保存该动态图标。选择"文件"→"另存为"命令，弹出"另存为"对话框，设置为GIF格式，单击"保存"按钮，如图4-70所示。

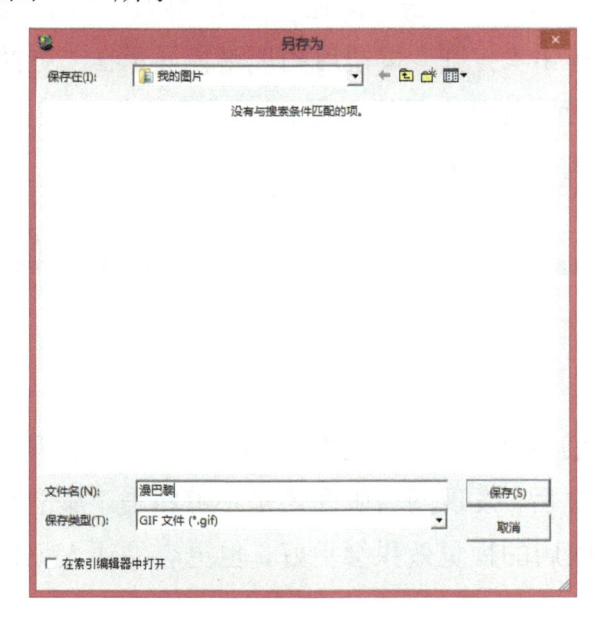

图4-70　保存动态图标

3. 发布动态店标

如何将制作好的动态店标发布到网店上呢？以淘宝网为例，登录淘宝网网店，选择"我是卖家"→"店铺管理"→"店铺基本设置"选项，进入网店基本设置界面，在"淘宝网网店"选项卡中可以设置店铺名、店铺类别、人气类目、店铺简介等内容，单击"更换店标"按钮，如图4-71所示。

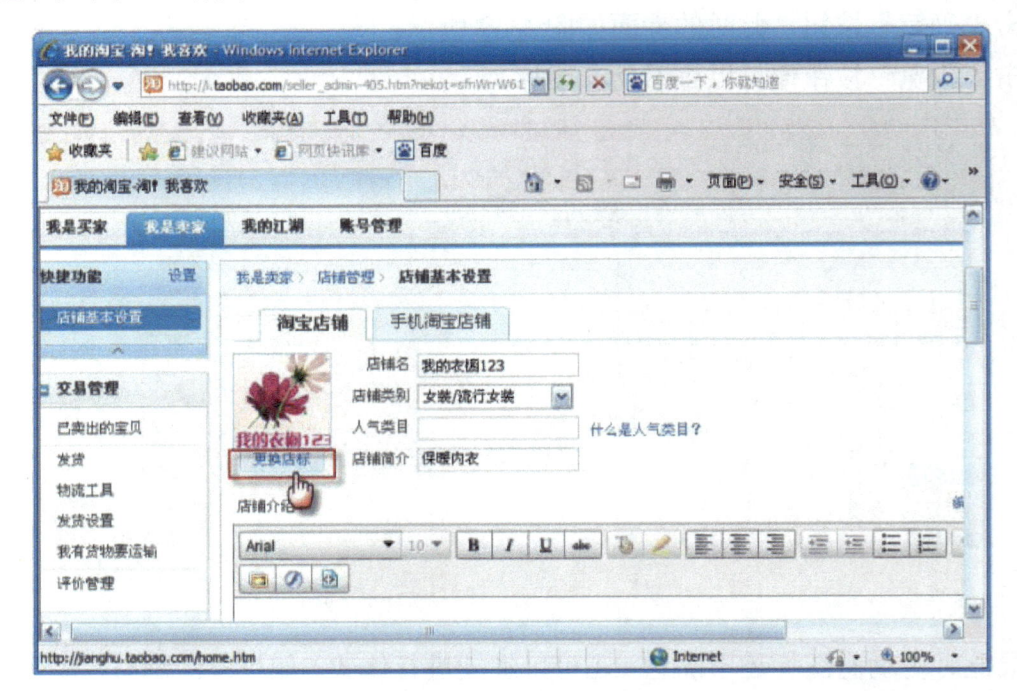

图4-71 更换店标

弹出"更换店标"对话框，单击"浏览"按钮，弹出"选择要加载的文件"对话框，选中制好的店标图片，单击"打开"按钮后图片路径显示在"更换店标"文本框中，此时单击"确定"按钮，店标图片就会显示出来。

至此，动态店标的制作和发布就完成了。

本节任务

任务背景

在上一个任务中你们建立了自己的箱包网店并进行了一些简单的装饰。你们根据建议装饰完自己的网店版面之后，发现网店版面还是不够精美。那位专家又告诉你们，最好制作一个动态店标，这样网店的视觉效果会更好，也更容易让人记住你们的网店。于是，你们开始思考如何设计动态店标。

任务要求

每两人为一组在淘宝网中对自己的网店继续进行装饰,本次需要设计一个精美的箱包网店的动态店标。要求动态店标中要有网店名称的信息,要由至少两个素材组成。为此需要做以下工作。

1．上网搜索素材。
2．用图形处理软件设计文字素材。
3．用图形设计软件对设计和搜索好的素材进行编辑,制作成动态店标。
4．将动态店标添加到你的网店中去。

完成之后,教师选出动态店标设计优秀的案例,向全班进行展示。

课后思考与练习

一、简答题

1．店标和图标的区别是什么？静态店标和动态店标的区别是什么？
2．简述动态店标的制作过程。
3．请在各电子商务网站中搜索一些优秀的静态店标和动态店标设计的案例,并向全班展示。

二、填空题

1．淘宝网规定店标的尺寸为_____像素,仅支持_____,因此店标图片大小建议限制在_____以内。
2．动态店标需要使用制作 GIF 动画的软件,_____就是其中一款专业的 GIF 动画制作软件。

任务 4　手机端网店装修

任务目标

1．理解手机端网店装修的重要性。
2．能熟练操作手机端网店装修的基本步骤。

知识储备

以淘宝网、天猫为例,根据智研咨询发布的《2020—2026 年中国网购产业运营现状及发展前景分析报告》数据显示：2015年1月至2018年11月手机天猫活跃用户数呈上升趋势，2018年12月后呈下滑趋势。2020年8月手机天猫活跃用户数为4656.66万人，较2020年1月减少了64.94万人。2015年—2020年8月手机淘宝网活跃用户数总体呈上升趋势，2020年8月手机淘宝网活跃用户数为76149.7万人，较2020年1月增加了5521.7万人。

根据以上数据不难发现，手机淘宝网、天猫用户整体呈上升趋势，除此之外，还有其他移动电商规模也在扩大，2020年用户规模预计可达到10亿多人，当消费者第一次进入手机端网店时，手机端网店的装修界面是第一时间留住消费者的重要因素，留住消费者，也就有了流量，有了流量才有可能卖出商品，因此手机端网店的装修也显得尤为重要。这里也将介绍无线端网店装修的基本步骤（以淘宝网平台为例）。

第一步：登录千牛卖家工作台或浏览器登录卖家账号，进入"卖家中心"，在左侧找到并点击"店铺管理"-"店铺装修"，这时会出现一个页面，选择"手机端"，如图4-72和图4-73所示。

图4-72　店铺管理

图4-73　"手机端"按钮

第二步：选择"手机端"，在下方找到"店铺首页"，然后点击右侧的"装修页面"按钮，如图 4-74 所示。

图 4-74 "装修页面"按钮

第三步：进入手机端装修后台后，可以看到无线端装修与 PC 端的装修方式基本相似，在左侧选择模块，拖放到右侧去装修，如图 4-75 所示。

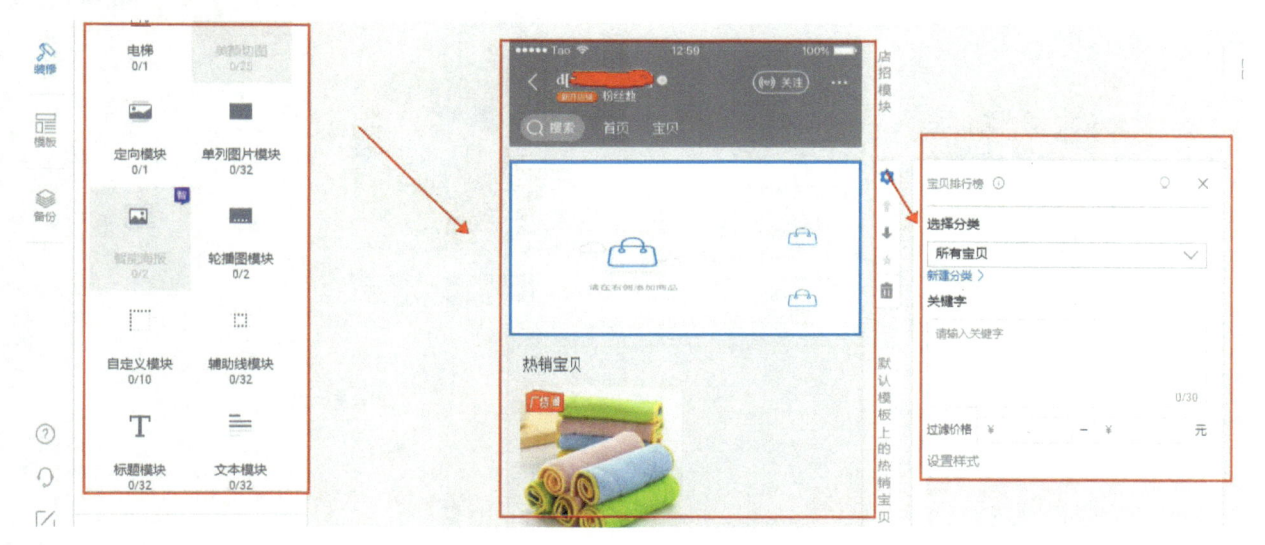

图 4-75 在左侧选择模块，拖放到右侧

第四步：装修完成后，点击右上角的"预览"可以查看装修效果，点击"发布"，就可以成功发布新装修的无线端页面，如图 4-76、图 4-77 和图 4-78 所示。

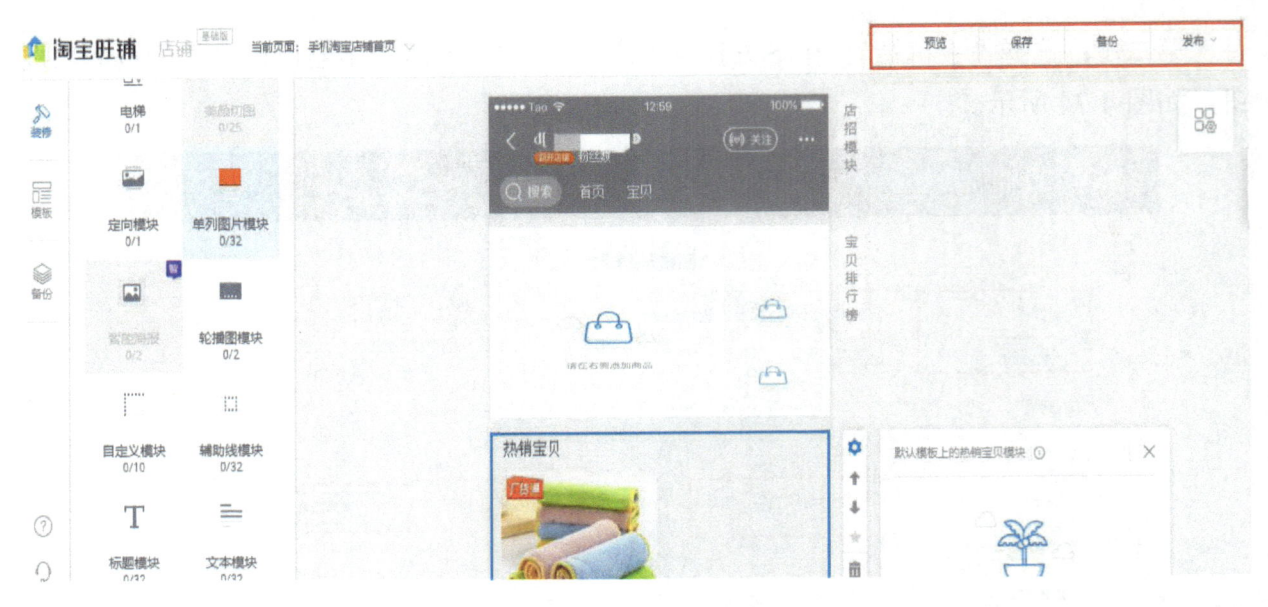

图 4-76　通过"预览"查看装修效果

图 4-77　预览的效果　　　　　　　　　图 4-78　发布后的效果

如今，人们使用手机可以随时逛淘宝网等各种电商平台，时间的碎片化，流量的碎片化，手机端网店成为人们的第一选择，手机端网店的流量可谓举足轻重，所以手机端网店的装修与 PC 端网店的装修是一样重要的，有流量才有可能转化为销售量，流量越多，销售量才有可能提高，网店的经营才会越来越好。

本节任务

任务背景

在上一个任务中你们为自己的箱包网店制作了动态的店标并进行了发布,如今你们的网店装饰越来越精巧,但销售额增长的并不顺利。经过对比同类网店,同学们发现其他同行都有手机端网店,而且销量很高。还有半个月就是国庆节,你们打算利用手机端网店做一次促销活动。活动的信息如下:

活动时间:2019 年 10 月 1—10 日。

活动方式:买满包邮及部分商品特价促销。

活动内容:① 全国区域购满 300 元全场包邮;

② 部分新品 7 折销售;

③ 部分积压商品 5 折销售。

任务要求

每两人一组在淘宝网平台中设计并发布自己的箱包手机端网店,要求手机端网店的整体设计符合活动背景,能够抓住消费者的眼球。每个手机端网店需要至少发布五款商品。完成之后,教师选出公告设计优秀的案例,向全班进行展示。

课后思考与练习

简答题

1. 店标和图标的区别是什么?你能说明静态店标和动态店标的区别吗?
2. 请简述动态店标的制作过程有哪几步?
3. 请在各电子商务网站中搜索一些优秀的静态店标和动态店标设计的案例,并向全班展示。

项目实训

装饰儿童玩具网店

实训目标

1. 能够描述并发布商品。

2．能够对商品的版面上各个模块进行设计。

3．能够制作并发布动态店标。

4．能够制作并发布网店公告。

实训背景

你和同伴已经在淘宝网合作开设了儿童玩具网店，也找到了合适的进货渠道。接下来你们想正式运营你们的网店。但是发现网店目前还是个空壳，不仅没有商品，版面也是一片空白。看着同样销售儿童玩具的其他卖家都获益丰厚，你们开始抓紧时间让自己的网店正式运营起来。于是你们规划好了下一步的工作。

1．描述并发布商品。

2．设置网店版面。

3．为网店设计一个好看的店标。

4．在首页上发布一个简单的公告。

实训任务

1．登录儿童玩具网店。

2．从网上下载一些优秀的儿童玩具的图片并获得图片版权，用 Photoshop 软件将其美化。

3．确定网店的装修风格，并按照风格要求进行装修。

4．设置店标，店标要包含网店的名称信息。

5．设置店招，店招要与其他设计风格一致。

6．设置网店导航。

7．对商品进行分类设置。

8．上传至少 3 款商品，对每一款商品进行描述，标题要包含商品的主要属性，商品的描述以图文结合的形式来进行。

9．发布简单的公告，公告内容可以包括向客户表示问候、新店开张、商品低价等。

实训安排

1．分组，每 4 人为一个小组。

2．小组组员之间进行合理的分工和合作，以完成网店的装饰。

3．每两个小组在完成任务的过程中相互观察，最后相互评价，进行评分。注意在评分的过程中不要向对方小组泄露每项分数。

4．小组拿到自己的评估结果之后，看看自己存在哪些不足，哪些是自己认可的，哪些是不认可的。对于那些不认可的地方要与对方小组进行沟通讨论。

5. 教师评选出最优秀的小组并进行展示。

实训评估

实训日期		观察小组人员		实训小组人员	
考 核 指 标			评 分		得 分
专业技巧考评	商品描述	标题合理	10分/8分/6分/3分/0分		
		描述正确	10分/8分/6分/3分/0分		
		结合文字和图片	10分/8分/6分/3分/0分		
		整体清晰美观	10分/8分/6分/3分/0分		
	网店版面	整体风格美观	10分/8分/6分/3分/0分		
		整体色调协调	10分/8分/6分/3分/0分		
		店招设计	10分/8分/6分/3分/0分		
		导航设计	10分/8分/6分/3分/0分		
		首页海报设计	10分/8分/6分/3分/0分		
		商品展示区域	10分/8分/6分/3分/0分		
		分类模块设计	10分/8分/6分/3分/0分		
	动态店标	外观设计	10分/8分/6分/3分/0分		
		内容设计	10分/8分/6分/3分/0分		
	网店公告	外观设计	10分/8分/6分/3分/0分		
		内容设计	10分/8分/6分/3分/0分		
态度考评		态度良好	10分/8分/6分/3分/0分		
		分工合理明确	10分/8分/6分/3分/0分		
说 明			总 分		
10分表示非常合格，8分表示合格，6分表示一般，3分表示不合格，0分表示非常不合格。满分为10分，6分及格。 在"有待改进之处"填写详细的信息			有待改进之处		

本项目知识回顾

本项目主要学习了如何发布和描述商品，以及对网店进行装饰的相关内容，包括如何对商品进行描述和发布，如何设置网店的版面，如何制作和发布网店的动态店标，以及如何制作和发布网店的公告。

在本项目中，任务1和任务2是重点和难点。开设网店需要将商品进行描述并发布到网上，需要描述商品的哪些信息，如何进行描述，标题如何确定，这些都是需要考虑的问题。切记要好好利用标题，尽量将商品的主要属性都列在标题中供消费者进行搜索。一般来说，上传完成商品之后就可以进行正式的商品销售了，但是为了更好地吸引消费者，还要做好网店装修这项重要的工作。装修网店除了需要了解基本的网店模板外，还需要掌握一些基本的美工技巧，如设计网店版面的各个模块、制作动态店标和公告、对各种静态和动态的图片的处理，这些都是开设网店必备的美工技巧。

完成这些工作之后，卖家就可以进行网店的正常经营和管理了。这将是我们接下来的工作和任务。大家做好准备了吗？

思考：

通过本项目的学习，你有哪些心得体会？

项目 5

网店推广与营销

项目任务

> 随着消费者网购习惯的增强,电子商务网店的发展速度越来越快,网店规模越来越大,电子商务交易平台的类型也越来越多,如B2B平台、B2C平台、C2C平台及O2O平台。传统的卖家也在利用电子商务平台通过线上与线下的结合来进行销售。
>
> 那么,随着各类电子商务交易平台的涌现,在网店数量众多的情况下,网店经营者如何在众多的竞争者中脱颖而出?想要在日益激烈的竞争中提高销量,需要运用一定的营销手段,需要花费时间和资金去做专门的推广。
>
> 在当下的互联网媒体和大数据时代,网店的推广与营销方法是多种多样的,本部分内容将介绍几种中小规模网店经营常用的一些网店推广与营销方法。

本项目需要学习和完成以下任务:

任务1　制订网店推广与营销方案

任务2　平台内营销策划

任务3　微信推广

任务4　SEO推广

任务5　其他营销推广

网 店 运 营

任务 1　制订网店推广与营销方案

📚 任务目标

1. 了解制订网店推广与营销方案的原因。
2. 了解制订网店推广与营销方案的方法。
3. 能独立制订网店的推广与营销方案。

🎓 知识储备

在互联网经济时代,网店的竞争力不仅与商品本身物美价廉或者商品自身具有稀缺性等特点有关,还与网店的运作、营销手段息息相关。网络推广与营销已随着网络的普及而逐渐被越来越多的企业关注,在当下互联网时代,网店的营销理念与传统企业的营销理念基本是一致的,并没有太大的差异,但网店的营销在具体推广工具的使用、推广的技巧上还是有其自身的特点的。

但是无论什么样的推广与营销,在推广初期,都需要制订一套推广与营销方案。推广与营销方案的制订有助于总体把控推广的进度、方法、预算、时间性等。盲目的推广容易导致资金的浪费,且无效。网店的推广与营销方案必须具有可操作性,如何制订有效的推广与营销方案,主要考虑以下几方面的要素。

1. 制订推广方案

网店的推广方案主要考虑网店的推广要达到什么效果,以及网店可以接受在推广中投入多少资金,并且在制订推广方案的过程中需要考虑对于网店来说,什么样的推广方式比较有效,哪些推广方式短期见效快,哪些推广方式需要长期投入。

目前,网店常见的推广方式主要有电子商务平台内部的推广工具及付费推广手段、通过搜索进行的竞价排名和优化。近几年随着社会化媒体(如微博、微信)的发展,很多淘宝网网店开始在微博、微信上进行产品营销,通过链接来增加网店的点击率,以此来提高销售量。

确定好推广方案后,就能有针对性地制订其他相关的方案了。

🔷 课堂讨论

你还知道哪些可以推广网店的营销方法?向同学们做简要介绍。

2. 推广团队的确定

推广方案确定后，就要有负责的相关人员或团队。组建合适的推广团队是推广的重要条件。至于团队的大小，根据网店的规模来定，对于初创的网店来说，有可能经营者自己就负责了全部的工作，或者有一两个合伙人，其中一人来兼职负责推广工作。对于相对较大规模的网店来说，可能有一两个专门负责网络推广的人员。但是无论多大规模的团队，都需要进行分工，责任到人，并严格制订推广的执行时间，提高方案的执行率，只有高的执行率才能降低推广成本。

3. 推广的费用预算

想要有效地执行网店推广方案，还要制订严格的预算方案。对于预算的制订主要依据两个方面：一是经营者能接受的推广投入，这跟网店的规模有关，根据投入范围来制订分别在哪种方式上投入资金及投入多少资金；二是选择投入工具和推广方式，分别根据每种投入方式来计算投入资金，将投入资金控制在经营者可控制的范围之内。对于刚刚开设的个人网店来说，一般都会优先选择微博这样的免费推广，以及平台内的付费推广。

4. 推广的预期效果

确定了推广方案、推广团队和预算等基本要素后，还有一个重要的部分就是确定推广计划在一定的时间内预期要达到的效果。如果没有时间性、没有预期效果，在推广过程中就无法有效地把握推广进度，便不能及时调整推广方案。如果没有确定好时间性和预期目标，也无从对推广的有效性进行评估。

案例分享

小吴的营销方案

小吴在淘宝网上经营了一家球鞋网店，目前这家网店的平均利润达到了 4000 元/月，他也从原来的兼职小卖家成为 4 钻信誉的专职大掌柜。

在小吴看来，在淘宝网上开店，货源和价格是首要条件，但是真正想把生意做大做好，还需要宣传，要使自己的网店和商品让更多的消费者知道。

对于网店的宣传，小吴有他的独到之处。进入小吴的网店，让人印象最深刻的是网店的装修：时尚动感的色彩搭配、大气却又不乏细致的布局、鲜亮的宝贝图片，加上闪闪 4 钻信誉，立即让人产生正规、可靠的感觉。据小吴介绍，这个旺铺模板是他请专业的设计师设计的，开门做生意形象很重要，由于网店经营的都是品牌球鞋，因此优秀的装修可以衬托出商品的档次，让消费者感到物有所值。

由于网店主要是通过图片和文字来展示商品的，因此除了球鞋厂商提供的商品介绍图外，为了方便消费者挑选，小吴还为库存的每款球鞋从多个角度拍摄了照片。虽然整个过程工作量很大，但是多角度的实物拍摄免去了很多消费者的顾虑，也减少了消费者因为实物和图片有所出入而导致的退货问题。

网店装修、网店名称、商品名字及商品描述等都有利于吸引消费者访问。做好宣传工作也很重要，以下就是小吴经常使用并且收到了一定效果的对外宣传手段。

1．购买旺铺及加入消费者保障服务

旺铺拥有一定的优势，其模板可自定义的项目比较多，模板布局也比较大方，卖家可以通过图片和文字更好地对自己的商品进行展示。消费者保障服务可以在一定程度上提高卖家的信誉度，同时也可以减少消费者的购物顾虑，让消费者放心购买商品。

2．充分利用自己的空间

在个人空间发表关于自己和所经营商品的文章，可以让消费者更加了解自己，从而拉近与消费者之间的距离。例如，经营化妆品和护肤品的卖家可以在空间或者商品描述中附上使用方法和用后心得的经验分享，这会大大提升商品的销量。

3．积极到消费者社区发帖子

消费者社区是淘宝网的消费者购物交流的平台，拥有很旺的人气，卖家经常在消费者社区发帖子和回复帖子，可以提高自己的知名度。如果自己的帖子被设置为精华帖，将带来不少的浏览量，同时也会为网店带来潜在的客户。

4．交换友情链接

合适的友情链接可以给网店带来不小的流量，挑选一些经营的商品与自己的经营项目相关又不构成竞争关系的网店交换友情链接。

5．参加淘宝网举办的各种促销活动

淘宝网举办的促销活动有免费的和收费的两种，卖家可以根据自己的实际经营情况有针对性地参加。目前比较流行的促销活动有淘客推广活动，按成交量付费，适合大部分卖家。当然，有一定财力的卖家也可以购买淘宝网广告位，虽然价格不菲，但它带来的收益也是十分可观的。

6．店内开展促销活动

在自己的网店中经常举办一些促销活动，除了在网店的促销栏中进行宣传外，还可以通过更换阿里旺旺的头像、论坛签名及通过阿里旺旺群发消息等方式进行宣传。需要注意的是，群发消息容易引起消费者的反感，甚至导致被投诉，需要慎用。

网店推广与营销　项目 5

━━━━━━━━━━━ **本节任务** ━━━━━━━━━━━

完成网店推广营销策划书的撰写。

任务背景

你在淘宝网开了一家经营学生文具的网店，但是网店的点击率和销量并不是很理想，你打算在网上进行推广，以提高网店的点击率。现在你要做一个推广计划，网店信息如下。

网店名称：小博士文具店。

客户对象：学生群体。

任务要求

按照以下提供的计划书提纲方案，补充完成小博士文具店的推广计划。

> 小博士文具店推广计划书
>
> 一、小博士文具店推广目标
> _____。
> 二、推广手段
> 1. 微博推广，发布相关商品介绍链接到微博，增加微博粉丝数量。
> 2. _____。
> 3. _____。
> 三、预期效果
> _____。
> 四、预算
> _____。

━━━━━━━━━━━ **课后思考与练习** ━━━━━━━━━━━

一、填空题

1. 目前网店常见的推广方式主要有_____、_____、_____、_____。

2. 近几年随着社会化媒体的发展，很多淘宝网网店开始在_____、_____上进行产品营销，通过链接来增加网店的点击率，以此来提高销售量。

二、简答题

1. 为什么要制订网店的推广与营销方案？
2. 在制订网店的推广与营销方案的过程中需要考虑哪些因素？

任务 2　平台内营销策划

任务目标

1. 了解目前主流的平台内网店推广工具。
2. 能够根据市场情况选择合适的平台内推广工具。

知识储备

电子商务平台内部一般都有推广工具，每种活动资源都具有不同的推广特点、推广形式及推广效果。

以目前最大的电子商务平台淘宝网为例，淘宝网上有一些供卖家选择的推广工具。由于大部分个人消费者都习惯去淘宝网购物，因此如果是淘宝网上的卖家，只要有选择性地使用淘宝网上的推广工具或是参与淘宝网上的营销活动，就可以达到推广网店的目的。各类推广工具如图 5-1 所示。

图 5-1　各类推广工具

其中，淘宝网常用的网店推广工具有以下几种。

1. 宝贝推荐

宝贝推荐是淘宝网专门为卖家提供的一种基于网店推荐位的商品信息推荐工具。宝贝推荐不仅能使卖家的商品信息在网店中间最显眼的位置展现出来，而且可以在每件商品详情页面获得同步展现。同时，宝贝推荐还能在阿里旺旺聊天对话框中显示商品推荐信息。宝贝推荐具有同步的全方位推荐功能，有利于将卖家的商品展示在消费者面前，从而大大提高卖家网店的点击率。

2. 网店交流区

网店交流区主要用于卖家与消费者的互动。在网店交流区里，可以通过交流区中交流信息量的多少直接判断出该网店的受关注程度，同时，卖家还可以通过优质的服务提高交流区的得分率，增加卖家的信誉度，从而进一步获取更大的网店流量。

3. 友情链接

友情链接是指为了提高网店的流量，提高消费者对网店的访问率，网店和网店以店标或网店名称等为链接载体，所进行的相互链接。

在进行友情链接时，一般要求对方网店和自己网店所经营的商品有一定的联系，这样消费者在访问对方网店时就有可能通过链接访问到你的网店。在自己的网店里也是一样，不要增加与自己经营的商品无关联的网店链接，否则会弄巧成拙，降低网店的专业度。

4. 个人空间

个人空间类似博客，是淘宝网内部一个供卖家自由发挥的地方。如果对个人空间进行精心设置，并经常发表与自己网店商品有关的文章，写一些高质量的日记，这将是一个非常有用的宣传窗口。如果网店是经营护肤品的，那么卖家可以在空间内写与护肤品相关的使用说明、使用心得，推荐一些自己使用过的非常好的产品，这将是非常有效的宣传手段，很多消费者会因为看了你的文章而去你的网店购买商品。

5. 发布广告

任何一个电子商务平台都有发布广告的功能，按照广告的发布位置和发布时间来收费。但是群发的广告应尽量精准并且不要太过频繁，否则会引起消费者的反感，导致你的网店被屏蔽。

6. 店内促销工具

不同的网店交易平台提供的店内促销工具各有不同，总体上来看，淘宝网上的店内促销工具相对比较完善，功能较强大，如图5-2所示。

网店运营

图 5-2 淘宝网上的店内促销工具

下面以几个淘宝网上的店内促销工具为例来进行说明。

（1）满就送促销宣传。

满就送推广工具是淘宝网基于旺铺为卖家提供的进行价格让渡、礼品赠送、积分赠送及邮费减免等促销活动设置的网店营销平台。这个平台可以给卖家带来更多的网店流量，让卖家的网店促销活动可以面向全网推广，将便宜、优惠的网店促销活动推广到卖家所寻找的网店购物路径当中，缩减消费者购物途径的购物成本。

通过这个促销工具，可以提升网店流量、提高转化率、增加客户订单数量和订单额度。

（2）限时打折促销宣传。

限时打折促销工具是指淘宝网提供的卖家在自己网店中选择一定数量的商品，并在特定的时间段以低于市场的价格开展促销活动的促销工具。卖家通过订购方式获得此推广工具后，便可以开展商品限时打折促销活动。通过这个活动，也可以增加点击率，如果网店经营得好，也会通过此活动获得回头客。

/116/

（3）搭配套餐促销宣传。

搭配套餐促销工具是淘宝网为淘宝网旺铺提供的将几种商品组合在一起并进行捆绑销售的快捷促销推广工具。通过促销套餐可以让消费者一次性购买更多的商品，有利于提升网店的销售业绩，提高网店购买转化率，增加销售订单数和商品展现力度。

（4）网店优惠券促销宣传。

网店优惠券是在卖家开通营销套餐或会员关系管理后，淘宝网以网店为单位，发放给卖家的具有一定面值的虚拟电子现金券，优惠券可在会员第二次购买商品时直接抵用。网店优惠券仅用于会员，卖家应根据实际情况谨慎选用发放的面额、数量及有效时间。

7. 会员关系管理工具

会员关系管理工具是帮助卖家管理自己的会员的工具。通过会员关系管理工具，卖家可以充分了解会员的信息，针对不同的会员使用不同的营销方式。同时卖家还可以通过会员的购买次数等加深与会员的联系。

通过会员关系管理工具，卖家可以根据会员购买的金额和件数设置会员的等级，设置差异化管理，让会员感受到网店对于会员的回馈和重视。

补充知识

淘宝网付费营销推广

淘宝网是目前大众所习惯的网购平台，因为淘宝网中不仅有很多卖家进驻的天猫网店，也有中小型或个体经营者经营的网店。随着多年的发展，淘宝网平台内的付费推广体系也是非常成熟的。网店经营者可以选择适合自己网店的付费推广方式。

1. 淘宝网直通车促销宣传

淘宝网直通车网店推广是淘宝网直通车单品推广的一种补充形式，可在满足卖家对多个同类型商品进行推广要求的同时，进一步传递网店的独特品牌形象，特别适合向带有较模糊购买意向的消费者推荐商品。例如，消费者搜索"家居用品"，淘宝网直通车就可以根据卖家事先为网店推广设置好的推广位展现卖家网店形象，并吸引消费者进入网店中所有皮革箱包商品的集合页面，为卖家展现更多的皮革箱包商品，在为卖家扩大商品选购范围的同时，也为卖家的网店带来更多的流量，提高商品成交的概率。淘宝网直通车首页如图 5-3 所示。

2. 钻石展位促销宣传

钻石展位是专为有更高推广需求的卖家量身定制的推广工具。所有展位通过竞价排序，按照展现计费。钻石展位还可以为卖家提供最大弹性的效果提升空间，其中促销活动、推广入口、推广产品都会成为影响展现效果的直接因素,如果卖家能对以上因素进行合理搭配,将会产生非常好的连锁效应。

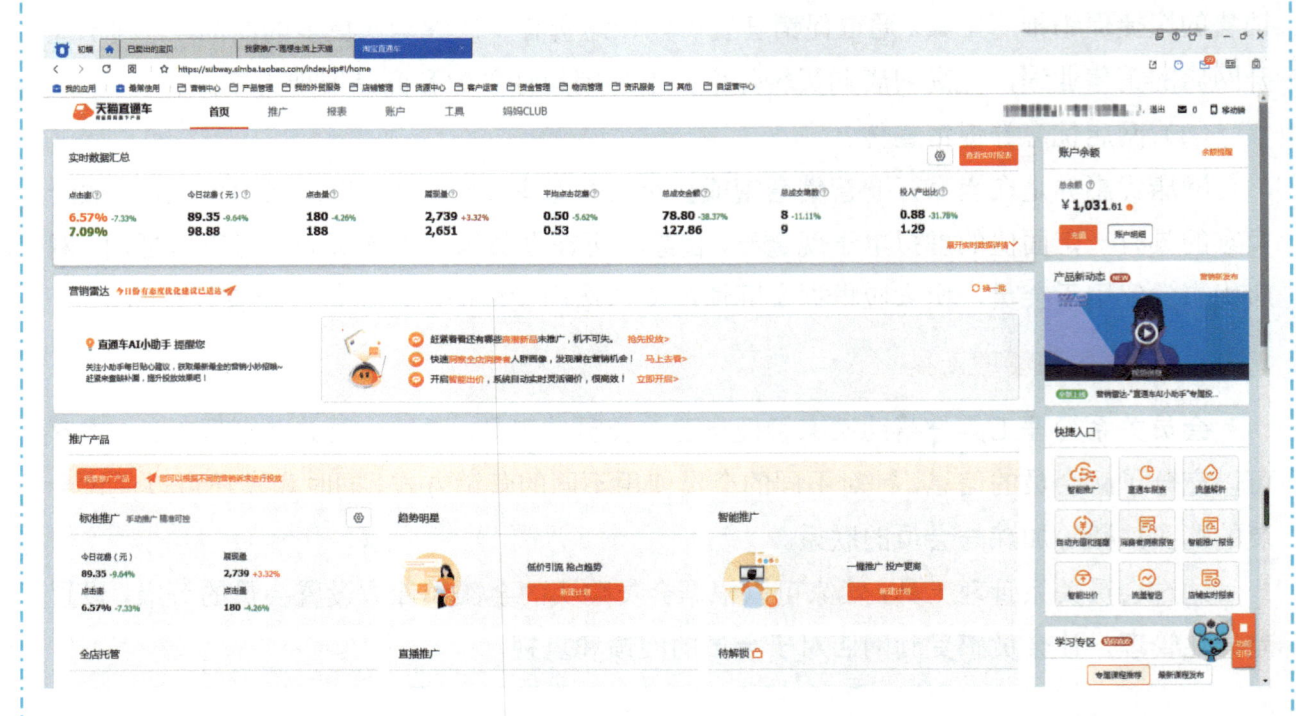

图 5-3　淘宝网直通车首页

3. 淘宝客促销宣传

淘宝客是指帮助卖家推广商品以获取佣金报酬的专业群体,是一种按成交付费的广告形式。只要通过淘宝网商品的推广代码在网站、博客、论坛或其他地方推广宣传链接,使购买者通过推广链接进入淘宝网网店购买商品并确认付款后,就能获取由卖家支付的0.5%～50%不等的报酬。该群体无成本投入,可实现零成本创业。

以上简单介绍了淘宝网利用率比较高的付费推广模式,对于选择在淘宝网开店创业的毕业生来说,可以参考使用,以此来带动自己网店的流量,增加网店的成交量。

本节任务

1. 登录淘宝网,进入服务市场首页,如图 5-4 所示,了解淘宝网为卖家提供的推广工具。把你所了解的推广工具的使用方法讲解给大家听。

2. 登录淘宝网,查看淘宝网首页都有哪些板块,哪些板块是通过推广展示出来的?

图 5-4 服务市场首页

课后思考与练习

简答题

1. 到其他非淘宝网商务平台了解一些网店推广的工具，并向同学们介绍。
2. 分析讨论淘宝网上几大付费工具的优缺点。

任务 3 微信推广

任务目标

1. 掌握微信推广的相关知识。
2. 能够应用微信进行营销推广

知识储备

微信是一个手机号注册一个账号，微信号可以绑定不同的平台的登录账号，同时也可以用微信作为休闲与商务的工具之一。它能成为一种分享工具，也能成为一种休闲娱乐的平台，还能自我成就一种商业圈，属于自媒体平台之一。

微信的基本功能是可以与朋友进行多种方式的聊天，如文字、语音、视频等，目前，微信其他常用的功能用来进行营销推广则更加方便、有效、快速。

（1）朋友圈：用户可以通过朋友圈发表文字和图片，同时可通过其他软件将文章或者音乐分享到朋友圈。

利用朋友圈，个人或企业可以更加有效地宣传自己，大多数朋友圈都是相互认识的人，彼此之间的信任度较高，有利于提高宣传的效果。

（2）漂流瓶：通过扔瓶子和捞瓶子来匿名交友。

利用漂流瓶功能可以定期做一些活动，投入一些多样化的灵活信息，会吸引更多用户的参与。例如：捡到漂流瓶回复后可以赠送一些优惠券或者小礼品。

（3）查看附近的人：微信将会根据用户的地理位置找到在用户附近同样开启本功能的人（LBS功能）。

在微信的"朋友们"选项卡中，有个"查看附近的人"的插件，用户可以查找自己所在地理位置附近的微信用户。系统除了显示附近用户的姓名等基本信息外，还会显示用户签名档的内容。个人或卖家也可以利用这个免费的广告位为自己做宣传，或者打广告。

（4）微信摇一摇：是微信推出的一个随机交友应用，通过摇手机或单击按钮模拟摇一摇，可以匹配到同一时段触发该功能的微信用户，从而增加用户间的互动和微信黏度。

（5）微信公众号：通过这一平台，个人和企业都可以打造一个微信的公众号，可以群发文字、图片、语音三个类别的内容。

通过微信公众号，可以进行：①品牌传播：公司文化宣传，提高品牌知名度，打造更具影响力的品牌形象。②互动体验：在线沟通，解答问题，接受用户反馈，增强公司与客户的即时互动性。③消息推送：发布公司最新资讯、优惠折扣信息和热点推荐服务。

任务 4　SEO 推广

任务目标

1．掌握搜索引擎推广的相关知识。
2．能够应用搜索引擎进行网店的 SEO 推广。

知识储备

SEO（Search Engine Optimization）即搜索引擎优化，主要方法是通过对网站的关键字、主题、链接、结构、标签、排版等各方面进行优化，使消费者在百度等搜索网站上更容易搜索到网站的内容，并且让网站的各个网页在各个搜索门户网站中获得较高的评分和展现率，展示在排名靠前的位置，从而更容易被相关消费者关注或点击，增加销售的机会。

在电子商务平台开设网店，平台内的推广方式主要是针对已经熟悉在该平台浏览商品的网购消费群体设计的。但是也有很多消费者，没有登录特定的电子商务平台，在一些搜索门户网站，如百度等，去搜索相关商品的信息，这时就很有必要进行 SEO 推广。因为这样的消费者通过搜索网站想要了解的并不仅仅是特定商品的价格信息，而是想从其他方面了解到更多的同类商品的信息，这就有机会使消费者通过 SEO 推广在搜索网站搜索到网店销售的该商品信息，从而增加商品被消费者购买的机会。

1. 常用的 SEO 方式

1）关键字分析

关键字分析是 SEO 最重要的内容，当消费者在搜索网站进行搜索时，消费者搜索的那个词就是关键词。而在 SEO 推广中，需要将经营业务或者商品的关键词提炼出来。关键词分析包括关键词关注量分析、竞争对手分析、关键字与网站相关性分析、关键字布置、关键字排名预测。

2）网站架构分析

网站架构分析包括提出网站架构不良设计,实现树状目录结构、网站导航与链接优化。

3）网页页面优化

SEO不仅让网站首页在搜索引擎中有好的排名,也能为网站的每个页面都带来流量。

4）内容发布和链接布置

搜索引擎喜欢有规律的网站内容更新,所以合理安排网站内容发布日程是SEO的重要技巧之一。链接布置则是把整个网站有机地联系起来,让搜索引擎明白每个网页和关键字。

5）建立高质量的友情链接

在同类且点击率高的网站建立友情链接,有助于推广自己的网页。

对于开淘宝网网店的个体经营者来说,想要低成本地进行SEO,可以选择在很多开放性的论坛、社区发布自己经营网店和商品的相关软文。并且在撰写发布软文之前,能够提炼出高质量的关键词。发的文章越多,搜索网站后台抓取关键词的概率就越大,同时意味着你的软文宣传会被搜索网站抓取出来并放在比较靠前的位置,从而增加消费者进入网店页面并购买商品的概率。

2. 网店的SEO推广方式

网店经营者如何运用SEO方式来进行网店的推广呢？关键要素有以下几方面。

1）品牌定位

消费者进行特定的搜索时,总会以搜索目标的某一特性来作为关键词。品牌就是一种指向很明确的关键词。这种方式比较适合品牌意向很明确的消费者。以淘宝网网店为例,品牌是淘宝网品牌分类里的一级目录,常见的知名品牌都会在这个类别下体现。作为SEO推广策划人员,品牌作为关键词,必须精准。如果你的网店经营某几类知名品牌,那么品牌名称将是重要的关键词之一。

如果是以品牌为关键词来搜索,就要求你在进行商品描述时精准地定位品牌,这样才有可能通过搜索栏搜索到你所经营的品牌商品。

在淘宝网首页的搜索框中输入"茵曼",如图5-5所示,搜索结果如图5-6所示。

2）细分商品定位

细分商品定位需带有限定的商品词,如"女士 加绒 卫衣",这些关键词都对商品的性质、用途等有了较为明确的规定,能够明确表明消费者的需求,设定好这样的关键词,可以使消费者精准地搜索到相关产品。

登录淘宝网,在搜索框中输入"女士 加绒 卫衣",可以看到搜索到的相关商品,如图5-7所示。

网店推广与营销 项目 5

图 5-5 搜索"茵曼"

图 5-6 搜索结果

图 5-7 搜索到的相关商品

3）通用词定位

通用词定位的特点是字数少，不包含品牌等描述，通常是比较直接的商品名称本身。例如，有的消费者想购买面膜，但对品牌没有要求，会直接以"面膜"为关键词进行搜索。这样的关键词表明消费者有商品购买意向，但是类别不明确。

4）人群定位

人群定位与商品的相关性较小，但与目标受众所表现出的兴趣点相关联。例如，搜索"手机壳"的消费者可能还会对手机链有需求，这也是在定位关键词时可以参考的。

课堂讨论

想一想，孕妇会对哪些商品有需求？

本节任务

对图 5-8 中的商品提炼出商品关键词，并以关键词为核心对商品展开描述，要求尽量多体现你认为重要的关键词。

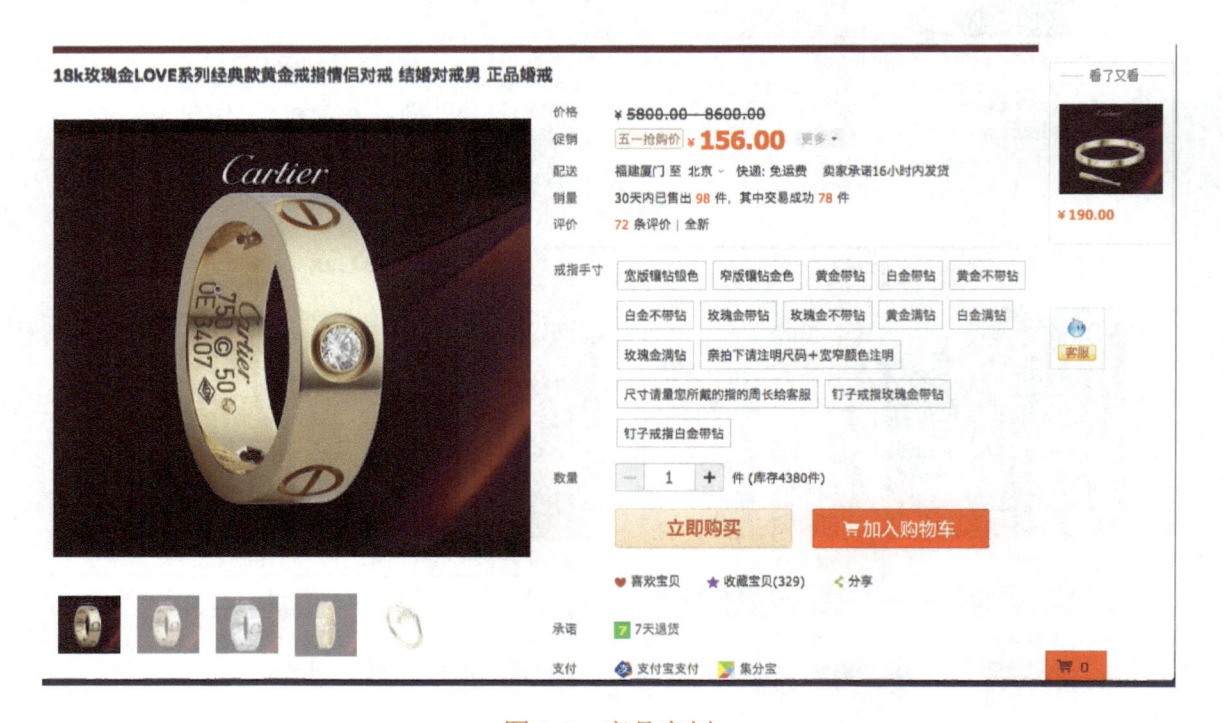

图 5-8　商品案例

课后思考与练习

一、名词解释

SEO 推广　关键字分析　品牌定位　通用词定位

二、简答题

简要描述 SEO 的几种推广方式。

三、填空题

1. 关键词分析包括_____、_____、_____、_____、_____。
2. 网站架构分析包括_____、_____、_____、_____。

任务 5　其他营销推广

任务目标

1. 掌握 BBS 推广的方法和技巧。
2. 掌握博客推广的方法和技巧。
3. 掌握微博推广的方法和技巧。
4. 了解微博作为推广方式的价值。

知识储备

1. BBS 推广

BBS 在国内一般被称作网络论坛，它在互联网诞生之初就已存在。人们很早就开始利用 BBS 进行各种各样的营销活动。论坛里聚集了对某些特定主题内容关注的特定群体，因此在网店刚开张还没有特定的客户时，选择用 BBS 进行推广是一种很不错的选择。

BBS 推广就是个人或组织利用网络交流的平台，通过文字、图片、视频等方式发布企业产品和服务的信息，从而让目标客户更加深刻地了解企业的产品和服务，达到宣传企业品牌、加深市场认知度和网络营销活动的目的。

1）BBS 的分类

（1）综合类 BBS。

综合类 BBS 包含的信息比较丰富和广泛，能够吸引很多网民来休闲娱乐，如天涯社区。综合类BBS更多的是作为人们的娱乐阵地而存在，弊端是缺乏精准的人群定位。

（2）专题类BBS。

相对于综合类BBS而言，专题类BBS能够吸引真正关注某一领域的人群，这个特定人群带着相同的目的来到BBS进行交流。专题类BBS的功能性更强，针对的人群更加精准。

2）BBS推广方法

（1）所选的BBS和我们所要推广的内容一定是有联系的。如果你经营的是电子设备网店，那么你所选择的BBS一定是讨论电子产品的专门论坛，如中关村在线网站里的BBS，在这样的专题BBS中，大家讨论的都是跟电子产品相关的问题，因此很容易找到相关的潜在客户群体。

（2）选择人气高的BBS。如果一个BBS的人气旺盛，那么你的潜在客户就多，如果一个BBS并不为广大网民所熟悉，那么你发的文章想必看到的人也少。

（3）仔细阅读板块规则。很多BBS的板块里都有板块规则，在发帖的时候标题有一个固定的格式，在内容上有一些规则要求。如果违反了规则，很可能有被屏蔽的危险。

（4）精编标题。如果想让更多的人看你发出的帖子，那么你的帖子的标题一定要做得有吸引力，能在第一时间抓住人们的眼球。

（5）发布的帖子要与板块专题内容相关。你的帖子一定要和你发出的内容相关，而你的内容也要和所在BBS的板块栏目内容相关，如果是纯粹的广告帖，与板块内容没有关系，那么有可能会被删除。

2. 博客和微博推广

博客是大家非常熟悉的网络形式，每个人都可以在博客平台上注册个人博客来发布文章。网店的经营者可利用博客平台，发布与自己网店相关的商品介绍等内容的文章。博客是网店经营者非常愿意选择且无投资的一种推广方式。

随着移动互联网和4G手机网络的发展，在近几年又出现了人们所熟悉的微博客，简称微博。微博很简练，发微博非常方便，微博的链接推广也成为近几年来网店经营者的主要推广模式之一。

1）博客推广

博客推广就是利用博客进行软文营销，发布与网店及网店经营商品相关的内容，通过这种方式让阅读者获得对商品的认识，加深对商品的了解，从而增加购买的概率。

当然网店的博客推广并不是要在博客上进行网店商品的销售推广，而是从商品的其他角度切入，将营销的目标隐藏在博文中，通过博文来挖掘商品潜在的优点，并将这种优点与客户和阅读博文的用户联系起来。这样的推广方式让潜在客户感觉并不是推销，而是让客户直接去了解，是一种主动性较强的行为方式，如果博客经营得好，博文质量高，吸引相关用户经常来阅读，那么将会是一种非常好的推广方式。但博客的经营是一个长期持续的工作，不是短期内能见效的方式，因此这种方式重在坚持和长期的经营。

如何通过博客推广网店呢？

（1）确立博客的目标。

建立博客的目标是推广网店。对于网店卖家来说，博客的内容主要考虑两方面的内容，即网店经营商品的知识与心得，如商品的使用方法介绍、使用后的感受体会等。

（2）确定博客的名称与内容。

博客的名称最好与网店名称有一定的联系，这样对于先关注到你的博客的客户来说，当他们了解到还有专门经营商品的网店时，根据名称就会很容易找到你的网店。在博客内容的撰写上，最好能体现个人化的倾向，并且内容一定是自己用心去写的，这样才能获得长期关注你并对你的博文感兴趣的粉丝。

博文应该以帮助用户的心态，从一个用户的角度去写，这样才能更有真实感，也容易被信赖。博文的写作可以从以下几个方面着手。

① 从制作过程和原材料出发，介绍你的商品是如何制造的。例如，一个经营精油手工皂的网店，可以从介绍精油手工皂的制作原料、制作过程、制作工艺来着手，以此来体现精油手工皂的优点。

② 从商品用途来介绍商品的使用方法、使用后的效果、使用对象等，并以亲身体会或者真实的案例去描述商品的特性。

③ 从商品的趣闻出发，介绍和商品有关的趣事。

④ 可以从时尚的角度出发，编写与商品相关的时尚信息。例如，一个经营服饰的卖家，可以编写教客户穿衣搭配的时尚穿衣方法，也可以附上一些明星的穿衣图片，还可以发布一些市场潮流文章，来帮助自己推广时尚服饰。

（3）定时更新博客。

只有经常更新博客，才可能吸引读者经常光顾浏览，增加点击量。

（4）参加一些论坛、社区或者博客平台里的相关话题讨论，可以吸引一些和你有同样爱好的朋友光顾你的博客。例如，你参加了社区里的关于美白心得的话题讨论，并介绍了自己的经验，那么在你介绍了经验之后，肯定有人愿意与你探讨相关经验，此时你也可以介绍他浏览你的博客，这样就增大了他们关注你、关注你的网店的概率。

（5）及时地回答他人在你博客中的评论，并回访。

如果你的文章是介绍方法、心得、经验分享类的，那么关注你的博客的人肯定会给你评论，或者向你咨询相关问题。因此，你在不发布博文的时候也要经常登录你的博客，对于评论和咨询一定要及时地回应，耐心地解答他人的提问。

2）微博推广

随着4G网络的发展，以及移动互联网和基于手机的社会化媒体的迅速发展，出现了诸如微博、微信这样的互联网媒体形式。对于个人来说，每个人都是一个自媒体，每个人都在互联网中有一定的话语权，并且可以通过吸引众多的粉丝来提高自己的知名度和影响力。

微博即微型博客，是互联网 Web 3.0 时代的产物。国际上最具知名度和影响力的微博是 Twitter，其用户量已达到 3500 万。国内的微博网站占据主流的是新浪、腾讯、搜狐这几家比较大的门户网站推出的微博，它能够实现网页和移动端的同步使用。

（1）微博的特点。

微博有如下特点，这也是微博营销兴起的原因。

① 准入门槛低。

传统博客强调语言的组织，一篇文章如果没有思想性、没有知识性、没有文学性，或者简单来说对他人帮助较少，是不会受到关注的。因此，要求博主花时间、花精力去组织文字，编写高质量的文章，这就对博主的文字编写能力有一定的要求。写博客就像写日记一样，容易随心而为，很难做到持之以恒。但微博不同，只要是一个会用手机打字的人，都会使用微博，并且可以将手机的随拍照片上传到微博上，很容易做到图文并茂。

② 即时通信的原创性。

每篇微博不超过 140 个字的要求，决定了人们用 1 分钟就可以编写一条微博，并且随着互联网的发展，人们基本都是用手机来发微博，这就突破了场所限制。无论你在哪里，只要手机能联网，就可以发布信息。如果你在一个餐馆就餐，觉得餐馆的环境不错，餐食的味道不错，就可以通过拍照即时发到微博上推荐给朋友，如果你正好是一个有影响力的人，那么你的一条微博必然会帮助这个餐馆带动不少顾客。这就是很多餐馆要发送带有定位的微博的原因。微博可以说在实时性、现场感及快捷性等方面超过了所有的媒体。

③ 更强的互动性。

博客虽然可以实现评论等功能，但仍然以单一的阅读为主，使网民通过阅读来获取一些信息和知识。而微博通过 140 个字和图片的分享，可以即时地与他人互动，无论是你的朋友还是陌生人，只要对你的话题感兴趣，都可以随时与你互动。微博是一种双向互动甚至多向互动的模式。正是因为互动性强，所以也更能聚集爱好相同的人。网店经营者可以将网店的商品通过微博发布，并附上简单的说明和网店链接，也可以通过市场搭配来帮助营销网店的商品。感兴趣的潜在客户可以通过微博关注你，向你咨询并有可能进入你的网店购买。

图 5-9 是一个淘宝网网店卖家的微博信息，该微博发布了网店正在搞活动的信息，并且附上了网店的购买链接，客户可以通过单击"去购买"按钮直接购买该商品，这为关注此微博的客户提供了极大的方便，并且此条微博有 36 次被转发的记录，表示有 36

个微博用户转发了此条信息，这又扩大了这条微博信息的可见范围，起到了非常好的营销推广作用。

图 5-9　淘宝网网店卖家的微博信息

（2）微博推广营销的价值。

① 微博是强大的信息发布平台。

② 提高个人或组织的影响力。

好的微博用户，尤其是企业用户和有影响力的个人用户，都可以通过微博来宣传个人和企业的新闻、动态，从而提高影响力。

③ 与客户良性互动，维护客户关系。

可以将微博作为低成本的客户维护平台使用，在微博上与客户互动，解答客户的问题，也可以通过关注评论客户微博，拉近与客户的关系。微博作为维护客户关系的工具，成本是极低的，是淘宝网卖家不错的选择。

④ 降低网站推广费用。

微博可以降低网站推广的费用。百度、Google、雅虎等搜索引擎有强大的博客内容检索功能，可以利用微博来提高网页搜索引擎的可见性。当一个企业网站知名度不高、访问量较低的时候，往往很难找到有价值的网站给自己的网站做链接，此时可以利用微博作为网站的链接平台。

⑤ 微博是天然的市场风险管理系统。

卖家在开展微博营销之初，首先，要建立危机处理体系，从危机的预防、处理到危机的恢复，都应有体系、流程和制度作为保证；其次，要做好舆情监测工作，确保在第一时间发现危机的源头，了解危机动向，对热点进行识别，通过分类、聚类分析，判断用户发布信息的倾向和趋势；最后，主动、系统、全面地进行信息传播，积极承担企业责任，树立正面的企业形象。网店内的客户差评不会影响网店的正常运营，但是如果在微博上出现铺天盖地的负面信息，对于个人和组织来说都将是重创。

| 网店运营 |

总的来看，微博让企业得以与客户有机会建立一种更平等、更紧密、更亲切的关系，而这种关系的建立和维护，将是企业达成品牌、销售、客户关系管理等诸多诉求的前提。

━━━━━━━━━━━━━━ **本节任务** ━━━━━━━━━━━━━━

任务一　案例分析

1. 图 5-10 是一个淘宝网卖家的网易博客，该博客有着非常高的访问量，请通过首页界面分析总结这个博客的优点。

图 5-10　淘宝网卖家的网易博客

2. 在网易上搜索这个博客，进入博客查看博文和博主的网店，分析这个博客及其淘宝网网店关注度极高的原因，并将你认为值得学习的优点总结出来。

任务二　根据任务背景完成网店推广

任务背景

你在淘宝网开了一家经营韩版 T 恤的网店，开店已经有两个多月了。但是客户非常少，有时候一周都卖不出一件衣服。你知道有很多推广工具可以帮助你推广网店，但是由于像你这样的网店非常多，推广起来要花不少钱，作为刚毕业的学生，你没有多少创业资金，因此你想到了通过博客来进行推广。上学时你就经常通过博客来写一些随感，你对博客并不陌生，因此你打算重新注册一个博客来进行网店的推广。

以下是你的网店信息。

1．网店名称：韩都衣舍。
2．经营范围：休闲短袖 T 恤。

任务要求

1．在新浪或者网易开通博客，并对博客进行命名和风格的修饰。
2．发布一篇和你的网店有关联的博文，选题和内容不限。
3．将你的博客链接分享给其他同学，并讲讲你的博客的定位和推广网店的思路。

课后思考与练习

简答题

1．博客推广和微博推广有什么区别？各自有哪些特点？
2．结合所学的网店推广方式，对比微博的信息沟通模式，说明采用微博进行网店推广的价值。

项目实训

儿童玩具网店营销推广策划

实训目标

1．根据网店特点制订网店营销的推广方案。
2．能够通过网络等媒体形态进行网店及商品的宣传。

实训背景

在你的儿童玩具网店经营了一段时间后，你发现客户非常少，而且通过了解你发现，客户都是在浏览了很多家网店之后才看到你的网店的。大部分是在搜索结果的前 1~3 页的网店购买商品的。你自己搜索了一下"儿童玩具"，发现搜索结果前 10 页都没有你的网店信息，所以你决定针对自己的网店做一些宣传和营销策划。

实训任务及安排

1. 开通微博。
2. 分组，每3人为一个小组，合作完成网店推广策划书。
3. 选择一个你网店的玩具商品，在你的微博上进行10条网店或相关商品的宣传。
4. 每两个小组的观察员在完成任务的过程中相互观察，并进行评分。注意在评分的过程中不要向对方小组泄露每项分数。
5. 每个小组拿到自己的评估结果之后，看看自己存在哪些不足，哪些是自己认可的，哪些是不认可的。对于那些不认可的地方要与对方小组进行沟通讨论。
6. 教师评选出最优秀的小组进行结果展示。

实训评估

实训日期		观察小组人员		实训小组人员	
考核指标			评　分		得　分
专业技巧考评	方案的制订	方案内容	10分/8分/6分/3分/0分		
		方案格式	10分/8分/6分/3分/0分		
	微博营销	开通微博	10分/8分/6分/3分/0分		
		宣传内容	10分/8分/6分/3分/0分		
		图文并茂	10分/8分/6分/3分/0分		
		宣传效果	10分/8分/6分/3分/0分		
态度考评		态度良好	10分/8分/6分/3分/0分		
		分工合理明确	10分/8分/6分/3分/0分		
说　明			总　分		
10分表示非常合格，8分表示合格，6分表示一般，3分表示不合格，0分表示非常不合格。满分为10分，6分及格。 在"有待改进之处"填写详细的信息			有待改进之处		

本项目知识回顾

电子商务的迅速发展，使在线交易平台和网店越来越多，很多网店通过网店特色和经营模式来吸引日益庞大的网购交易群体。但是除了独具创意的特点之外，要想在众多的网店中优先被消费者发现，还要借助一定的营销和推广手段。

本项目以淘宝网平台为例，介绍了几种平台内的网店推广方式，也介绍了平台外部的推广方式，如BBS推广、微博推广等。但无论运用哪一种推广方式，一定要进行持续的、有计划、有目标的推广。总体来说，要根据你的网店定位，设定合理的推广预算，根据预算选择预算范围内的推广方式。对于知名的电子商务平台内的网店经营者来说，选择平台内部的推广工具就可以让自己的网店排到一个比较靠前的位置，或者参与平台内部的促销等活动，都可以起到一个非常好的推广作用。

除了平台内的推广方式外，网店经营者还可以选择当下的网络媒体形态进行推广，如BBS推广、微博推广等，这些方式的优势是不用投入资金，对于初网店开设的经营者来说是非常合适的方式。但这样的推广方式必须经过比较长的一段时间才能见效，因此持之以恒、有计划地进行推广是非常重要的。

通过本项目的学习，希望同学们在网店创业的过程中能树立市场营销的思维模式，运用有效的推广方式，加速网店的成长。

思考：

通过本项目的学习，你有哪些心得体会？

项目 6

网店客户服务与管理

项目任务

如何维护客户？如何将新客户变成老客户？如何将老客户培养成忠诚客户？如何知道每一位客户是哪种客户？针对不同的客户我们又该怎样进行管理？这些都是网店经营者在进行客户服务与管理的工作中需要考虑的问题。

本项目需要学习和完成以下任务：

任务1　网店客服概述
任务2　售前客服
任务3　售后客服
任务4　网店客户关系管理和维护

任务 1　网店客服概述

任务目标

1. 理解网店客服的概念。
2. 理解网店客服的主要作用。
3. 了解网店客服的主要工作内容。
4. 了解网店客服的职位要求。
5. 了解网店客服的岗位分工。

知识储备

目前，随着电子商务的迅猛发展，各类网店在数量和规模上不断扩张，经营日趋规范化、品牌化，对客户服务质量的要求不断提高。与此同时，网店客服在整个电子商务经营的过程中也显示出举足轻重的作用。

1. 网店客服的概念

网店客服是基于互联网的一种客户服务工作，是网络购物发展到一定程度细分出来的一个工种。网店客服主要是指在各种电子商务平台上，充分利用各种通信工具，并以网上即时通信工具（如阿里旺旺）为主，为客户提供相关服务的人员。

2. 网店客服的主要作用

1）提高销售量

一名有着专业商品背景和良好的销售沟通技巧的客服既能够根据客户的问题描述，针对客户的需求向客户推荐对应的商品，甚至还有机会让客户购买其需要的关联产品；又能够帮助犹豫不决的客户选择适合的商品，帮助他们买到想要的商品；还能够利用自己的专业知识打消客户的顾虑，促成客户的购买行为，从而提高网店的销售量。

2）宣传网店形象

对于一个网店而言，客服的一言一行会产生深刻的影响，这个影响不仅仅是对客服本身，更是对整个网店。客服的一个微笑的表情（表情符号）或者一句亲切的问候，都能使客户真实地感觉被尊重，感觉自己并不是与冷冰冰的机器打交道，而是与一个善解人意的人在沟通。这样，可以帮助客户打消疑虑，从而逐渐使客户对网店留下良好的印象，长此以往形成良性循环，在客户心目中良好的网店形象就树立起来了，这样也可以促使网店真正走向"以客户为中心"的长远发展。

3）更好地服务客户

一个有经验的客服不只是为了卖给客户商品，而是合理地引导客户消费，购买更多适合自己的商品。客服就像一名参谋，要善于提出更多专业化的建议，帮助客户购买，恰当地解释客户的疑问，特别是对于出现售后问题的客户要更有耐心，及时帮助客户解决问题，使服务更人性化、个性化，只有这样才能留住更多的老客户，吸引更多的新客户。

3. 网店客服的主要工作内容

综合各网店的招聘要求，网店客服的主要工作内容包括以下几个方面。

（1）负责收集客户信息，了解并分析客户需求，规划客户服务方案。
（2）负责进行有效的客户管理和沟通。
（3）负责建立客户服务团队，以及培训客户代表等相关人员。
（4）定期或不定期进行客户回访，以检查客户关系维护的情况。
（5）负责发展、维护良好的客户关系。
（6）负责组织网店商品的售后服务工作。
（7）建立客户档案、质量跟踪记录等售后服务信息管理系统。

4. 网店客服的职位要求

综合各招聘网站对网店客服的职位要求，如果要应聘网店客服的职位，需要具备以下几项基本技能。

（1）熟悉淘宝网、天猫等交易平台的交易流程、投诉申诉等相关事宜。
（2）有责任心，能耐心、快速地回答客户的提问。
（3）懂得客户的心理，语言表达能力强，善于沟通；学习能力强，能在短时间内了解和熟悉产品，为客户推荐产品和解答疑问。
（4）有团队精神，沟通能力强，性格外向，做事主动。
（5）热爱销售工作，踏实认真，能承受较大的压力。
（6）普通话标准，打字速度在每分钟50个字以上（天猫要求60个字以上）。能熟练使用阿里旺旺和QQ，喜欢与客户聊天沟通，能同时在线受理多个平台的客户。

5. 网店客服的岗位分工

根据网店客服的工作内容，并综合大多数网店客服岗位的实际设置情况及实际运营情况，将售前客服与售中客服合并为一个岗位，即售前客服，另外还有一个售后客服。

1）售前客服

售前客服是网店的形象，是和客户直接交流的重要角色，其首要的工作就是做好客户购物的引导工作，尽可能提高客户进店购物的客单价，提高全店的转化率。

售前客服的每日工作内容主要包括接待客户、解答客户关于商品的疑问、促成交易、及时跟进订单的各种情况等具体任务。

2）售后客服

现在，各个网店的竞争可以说已达到了白热化的程度，为了不断吸引新客户，维护更多的老客户，不仅要提高商品本身的质量，更要提高售后环节的服务质量，只有这样才能提高客户的忠诚度，从而节约运营成本，可见售后客服这一岗位也是举足轻重的。

售后客服的每日工作内容主要包括解决退换货问题、商品质量及使用问题、物流问题、维护新老客户等具体任务。

本节任务

结合你近期想在网上购买的一件商品，在淘宝网上找一家网店，与该网店的客服进行交流，初步了解网店客服的工作。

课后思考与练习

简答题

1. 结合自己的网络购物经验，说一说网店客服的重要性。
2. 根据自己的理解，说一说网店客服需要掌握哪些基本知识。

任务 2　售前客服

任务目标

1. 理解售前沟通的基本原则。
2. 掌握售前客服的工作内容及服务技巧。
3. 学会使用各种常用的客户服务工具。

知识储备

售前客服是客户进入网店后第一个面对的服务人员，客户能否下单，很大程度上取决于售前客服，可见售前客服的重要性。目前各大 C2C 电子商务平台都有自己的官方客户服务工具，如淘宝网和天猫使用的是千牛，也有越来越多的卖家开始使用微信进行销售。

1. 售前沟通的基本原则

由于网络购物的虚拟化，客户对于商品是看得见，摸不着的，那么如何使客户更加全面地了解商品？如何打消客户的疑虑？如何使客户相信网店的各种承诺？如何提高网店的销量？这就需要售前客服做好售前沟通工作。要做好售前工作，需遵循以下基本原则。

1）态度要热情

网络购物中面对冷冰冰的计算机，客户难免会有怀疑的心理，售前客服应该用热情的态度欢迎客户，从而迅速消除客户的这种心理。

（1）应多使用礼貌用语。俗话说得好，"良言一句三冬暖，恶语伤人六月寒"，简简单单的一句"欢迎光临！""亲，您好，欢迎光临×××旗舰店，请问有什么可以为您效劳的呢？"可以减轻客户的抵触心理，使客户有被重视的感觉，从而更容易接受客服的建议。

（2）应多使用语气词。在与客户沟通的过程中，在句尾可以多用一些语气词"呢""哦"等。例如，"建议您考虑160码"，与"建议您考虑160码哦"相比，前者的语气就会相对生硬、直接，而后者的语气则会相对柔和，让人感觉舒服，这样更易于拉近与客户的距离。

（3）恰当使用网络表情。文字沟通的表达方式比较单一，客户与售前客服有时对语言的理解可能会出现偏差，而如果使用相应的表情，则能补充说明语句的含义，更形象生动，也便于理解。表情示例如图6-1所示。

图6-1 表情示例

（4）回复的字数应比客户多。对比图6-2和图6-3，虽然售前客服应该用简洁的语言与客户沟通，但是过于简短的语句容易让客户产生不被重视、被敷衍的感觉。惜字如金对于售前客服来说，就是拒客户于门外，因为这样会大大减少与客户继续沟通的机会，也就降低了销售成功的概率。因此，售前客服在与客户交流时，回复的总字数应比客户多一些，但多的字数必须是有思维的，这样既能让客户产生"客户就是上帝"的感觉，又能表达售前客服要传递的信息。另外，售前客服不应主动结束聊天，应该给客户一种客服始终在线的感觉，这样可以使客户感受到网络购物服务的方便性。

2）委婉地否定客户

客户与售前客服的身份不同，立场不同，自然所要争取的权益也不相同。客户因为不了解商品的特点、不熟悉使用方法、个人原因等，有时候所说的话并不是完全有道理的，这时应如何答复呢？如果售前客服直接否定客户，会让客户认为客服态度恶劣，这样将会影响今后的购买过程，而用肯定的语句表达否定的意思，也就是委婉地否定客户，则会使客户更容易接受售前客服的建议，如图6-4和图6-5所示。

普通回复

A：在
B：在的，亲。
A：这个有货吗？
B：有的。
A：哦。

图 6-2　普通回复

优秀回复

A：在
B：在的，亲。有什么需要帮助的吗？
A：这个有货吗？
B：有的，亲。真有眼光，这款是我们今年的爆款呢！
A：是吗，那不知道适合我吗？
B：麻烦问一下，亲是在什么场合使用呢？我可以根据您的需要给您推荐呢！
A：是吗，非常感谢！我是要开会用的。
B：好的，您稍等！

图 6-3　优秀回复

普通回复

A：这款运动鞋可以便宜点吗？
B：不行的。

优秀回复

A：这款运动鞋可以便宜点吗？
B：亲，现在有满300减60的活动呦。

图 6-4　直接否定和委婉否定示例1

图 6-4 和图 6-5 所示的案例表明，用肯定的方式否定客户，既可以使客户更容易理解，同时也保护了客户"爱面子"的心理。这也是以客户为主的一种体现。

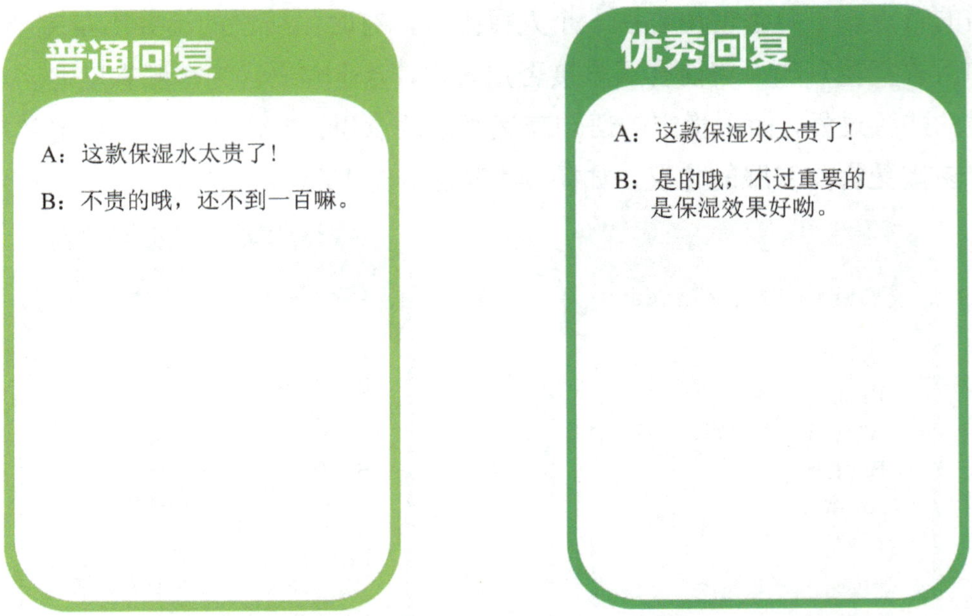

普通回复

A：这款保湿水太贵了！
B：不贵的哦，还不到一百嘛。

优秀回复

A：这款保湿水太贵了！
B：是的哦，不过重要的是保湿效果好呦。

图 6-5　直接否定和委婉否定示例 2

3）主动沟通与服务

作为一名专业的网店客服，首先要具备所在行业的相关产品知识，以及产品的周边知识。例如，化妆品店的客服不仅要掌握自身产品的功效、配方、特点等具体信息，还要了解与产品相关的使用方法、护肤方式等，除此之外，相关的护肤品牌也要了解一二，这样能够引导客户的思路，从而最大限度地帮助客户购买，甚至有可能激发客户的关联销售。网店客服的普通回复示例和优秀回复示例如图 6-6 和图 6-7 所示。

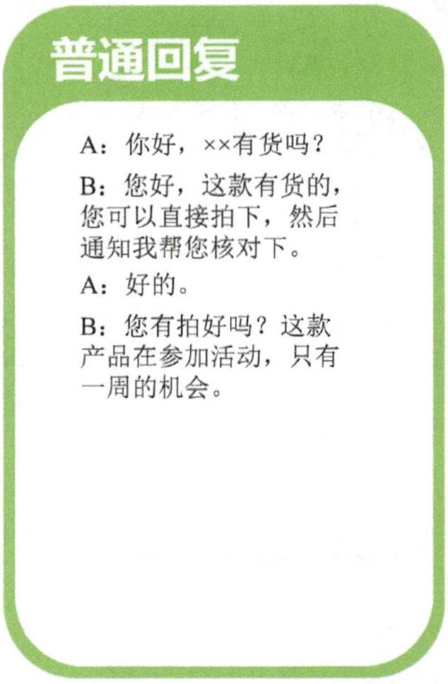

普通回复

A：你好，××有货吗？
B：您好，这款有货的，您可以直接拍下，然后通知我帮您核对下。
A：好的。
B：您有拍好吗？这款产品在参加活动，只有一周的机会。

优秀回复

A：你好，××有货吗？
B：您好，这款有货的，这款是爆款，现在正在打折，非常划算，活动只有一周机会哦！
A：好的。
B：不知道您在选购××类商品时，是不是有×××等疑问，如果您关心这块的话，我刚好比较了解一些，可以跟您进一步介绍。
A：是这样的，我想×××，不知道×××，你看？
B：哦，原来是这样，我前几天×××，您要不要试试×××，非常不错，有问题您可以再找我！

图 6-6　普通回复示例 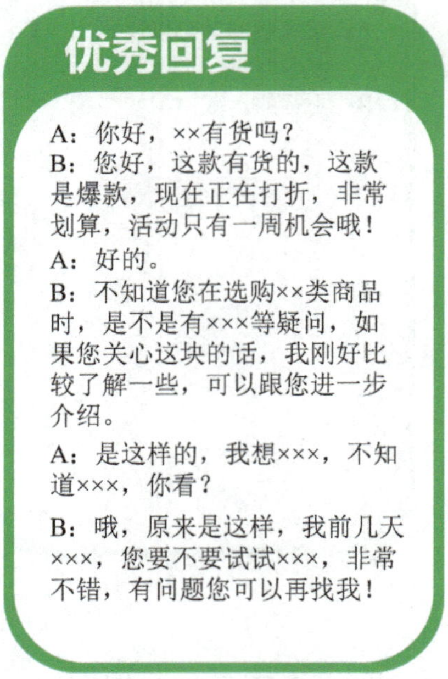　　　　图 6-7　优秀回复示例

在与客户沟通的过程中，售前客服首先要用专业的产品知识吸引客户，再通过"七分听，三分问"询问的方式引导客户表达出其内心的真正想法和需求。通过提问，售前客服可以挖掘客户的真正需求，以及辨别客户对产品的了解程度；根据客户所说的内容，结合"问"的结果可以精准地向客户推荐其所需要的产品，做到有的放矢，从而可以更高效地提高产品的转化率。但是在整个沟通过程中，售前客服要时刻体现诚信的态度，本着对客户负责的态度，向客户介绍或推荐产品时，既不能无限夸大产品的优点，也不能故意掩盖产品的缺点，这样客户才会更加信赖我们，从而提高客户的忠诚度。

4）站在客户的角度说话

作为售前客服，不仅要推销产品，更应该帮客户购买，也就是要换位思考，这样更容易得到客户的认同及提高客户的信任度。网店客服的普通回复示例和优秀回复示例如图 6-8 和图 6-9 所示。

普通回复

A：你好，××是美白的吧？
B：是的，这款是今年的新品，含有F，特点是A，对于爱美的女性，非常合适哦！
A：打折吗？
B：新品没办法优惠的，而且卖得非常好，您可以看看评价。
A：我考虑下。

优秀回复

A：你好，××是美白的吧？
B：是的，这款是今年的新品，含有F，特点是×××，对于爱美的女性，非常合适哦！
B：不知道您的肤质是？我帮您选择一个适合您的。
A：我的肤质是油性的，不过冬天还是有点干。
B：这样来说，您的肤质×××，刚好有两款产品是适合您的，1号×××，2号×××，我个人比较推荐您选择1号。
A：有效果吗？
B：这个根据时间而定的，坚持才有效果哦，这两款隔天交替使用效果更好，套餐价格也划算。

图 6-8　普通回复示例　　　　　图 6-9　优秀回复示例

2. 售前客服的工作内容及服务技巧

纵观各种网络销售的平台，从客户进入网店到拍下产品这个过程中，售前客服主要完成图 6-10 中 6 个环节的工作。在客户完成交易后，售前客服还需要继续跟进订单的更新情况，从而为客户提供更完善的服务。

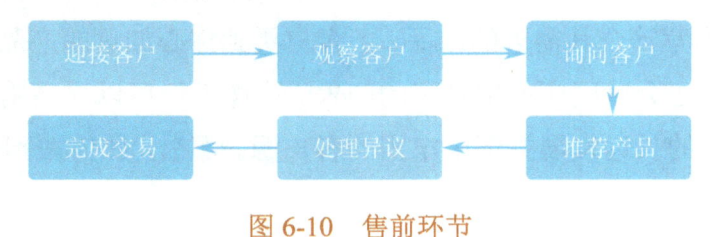

迎接客户 → 观察客户 → 询问客户
完成交易 ← 处理异议 ← 推荐产品

图 6-10　售前环节

1）环节1：迎接客户

良好的第一印象是成功沟通的基础。特别是在网络购物的这种方式下，客户与售前客服之间互相看不见，产品也只能以虚拟的形式出现在客户眼前，第一个环节就更加重要，因为客户所获得的初次印象的好与坏，在很大程度上决定了以后是否购买的结果。良好的迎接就意味着接下来沟通能更加顺利，它是客户购买行为的催化剂。

在这个环节，售前客服的目的就是初步了解客户的购买需求，介绍网店的主要产品及最近的营销活动。售前客服在这一环节应该注意以下几点。

（1）快速回复咨询。在客户进入网店咨询时，售前客服应尽量在短时间内回复客户，让客户知道有客服随时在线服务，如果让客户等待时间过长，在目前众多的网店中，客户有很多选择，客户很快就可以选择另一个网店，这样就会出现流失客户的现象。

（2）先与客户做朋友。客户初次进入网店浏览产品，售前客服要像引导员一样，引导客户全面了解产品，要耐心细致地讲解，不能忙于推荐产品让客户购买，在这一过程中售前客服可以掌握客户对产品的了解程度，为今后的购买打下良好的基础。

（3）塑造专业的形象。售前客服就是网店的宣传员，就像实体网店的导购，不仅要对本网店的产品了如指掌，也要对竞争对手的产品有相应的了解，同时还要熟悉与本网店产品相关的系列产品，这样才能应对客户提出的各种产品问题，更重要的是能显示其专业性，从而提升网店的专业性，增加客户的信任度。

2）环节2：观察客户

观察客户的目的就是要更深层次地了解客户，通过对客户基本信息的了解，便于售前客服确定客户所属的客户群；通过对客户购买信息的分析，便于售前客服精准定位客户的购买需求，从而为推荐产品做好铺垫。

3）环节3：询问客户

询问客户的目的就是要挖掘、引导需求。在客户了解过产品后，客户可能会犹豫是否购买，或者不知该选择哪款产品，这时售前客服应该结合观察客户环节所得到的客户信息，对客户做有针对性的引导，在此过程中售前客服应该多听，用引导性的话术引导客户尽量多地表达自己的想法，这样才能掌握更多的有效信息。

4）环节4：推荐产品

推荐产品是售前客服的重点工作。推荐产品就是要根据前3个环节中所掌握的信息，向客户有针对性地推荐符合其需求的产品，当客户买到称心如意的产品时，客户不仅对售前客服的服务满意，还会对网店产生良好的印象。这样不仅可以提高销量，还树立了良好的网店形象，为网店的长远发展打下了牢固的客户源。那么，如何做到有效推荐呢？可以从以下几个方面入手。

（1）结合客户的各种信息。在前3个环节中，售前客服可以掌握客户的基本个人信息、购买信息等，这样售前客服可以较为准确地定位客户属于哪一类客户群，有哪些相关的产品可以推荐给客户。

（2）结合客户的心理。掌握一定的消费心理学、客户心理学属于网店客服的一项必要技能。

售前客服根据客户的心理，可以将客户分门别类，有针对性地制订相应的推荐策略和话术，从而提高推荐的成功率。

（3）结合自身优势。既然客户选择了自家网店，售前客服就要阐明自身的优势，如货源优势、质量优势、价格优势、专业优势等，切实地让客户明白自己的选择是正确的。

5）环节5：处理异议

经过了解产品和售前客服推荐产品后，在确定下单前，客户还可能存在一些疑虑，为了打消客户的疑虑，售前客服需要对客户提出的各种问题做适当的解释与回应，要有理有据，打消客户的疑虑，从而促使客户下单。

进入这个环节，客户的异议主要包括想要优惠、产品的质量是否可靠、与同类产品比较后的顾虑等。

处理异议这个环节实际上是客户下单购买前的一个关键环节，在这一环节售前客服应注意以下几个方面。

（1）回应要及时。因为客户有疑虑才迟迟没有下单，这时售前客服必须抓住这个黄金时期，打消客户的疑虑，促使其下单。

（2）态度要热情。虽然客户没有下单，但是售前客服仍然要精神饱满，服务积极，微笑面对客户的各种异议，并耐心地、有针对性地解答。

（3）用语要规范。客户和售前客服的沟通大多是通过文字来进行的，因此售前客服在面对客户的各种提问时，一定要认真推敲自己的文字表达，否则客户望文生义，双方的理解效果会大相径庭，从而影响客户的决定。

（4）不与客户争论。面对客户的各种质疑、挑刺，售前客服一定要搞清楚客户的心理需求，巧妙地化解客户的质疑，不直接与客户争辩。

6）环节6：完成交易

经过了前5个环节后，客户消除了疑虑终于成功下单，但售前客服的工作并没有结束，售前客服还需要完成以下工作。

（1）在客户下单后，对于支付成功的客户，售前客服应礼貌告别，但仍要告诉客户"我随时在线为您服务"，用这种24小时的服务来增加客户的信任感，为今后的交易赢得机会。对于仅仅拍下，但没有付款的客户，售前客服还应根据客户的购物习惯，选择恰当的时间与方式进行提醒。

（2）当客户的有效订单生成后，售前客服还有一项非常重要的工作，那就是确认订单。确认订单，从客户的角度来说，可以帮助客户再次确定自己所购买的产品信息、收货地址、联系方式、特殊要求等，这样可以减少客户的损失。例如，客户误操作选错了尺码，通过确认，可以及时更正，避免了退换货的一些费用。然而，从售前客服的角度来说，及时确认订单信息，可以避免售后投诉的问题。例如，客户因为误操作选错了尺码，可是事后客户认为自己没有选错，是发错货了，或者客户承认是自己的问题，但会投诉售前客服的服务不到位，没有及时确认，因此订单确认对于客户和售前客服都是双赢的一个重要步骤。

（3）整个交易完成后，售前客服要及时整理客户资料，可以利用客户关系管理系统等将客户分门别类，便于今后有针对性地向客户推荐产品。

3. 千牛的使用

1）千牛的主要功能

阿里旺旺是淘宝网及天猫平台的卖家和买家之间沟通的桥梁，它分为卖家版和买家版，用户可以根据自己的角色选择对应的版本进行安装使用。目前，正在用的阿里旺旺卖家版是千牛。千牛的主要功能有以下几项。

（1）随时联系买家。

千牛可以将朋友及买家进行分类，如新买家、老买家、大买家、重要买家等。卖家可根据需要随时与买家进行沟通联系。买家有疑问可以随时通过阿里旺旺来进行反馈。一般买家可以通过登录状态来了解你的在线信息，主要的登录状态有未挂起、挂起、不自动挂起、20人挂起等。千牛的好友和客户分类界面如图6-11所示。

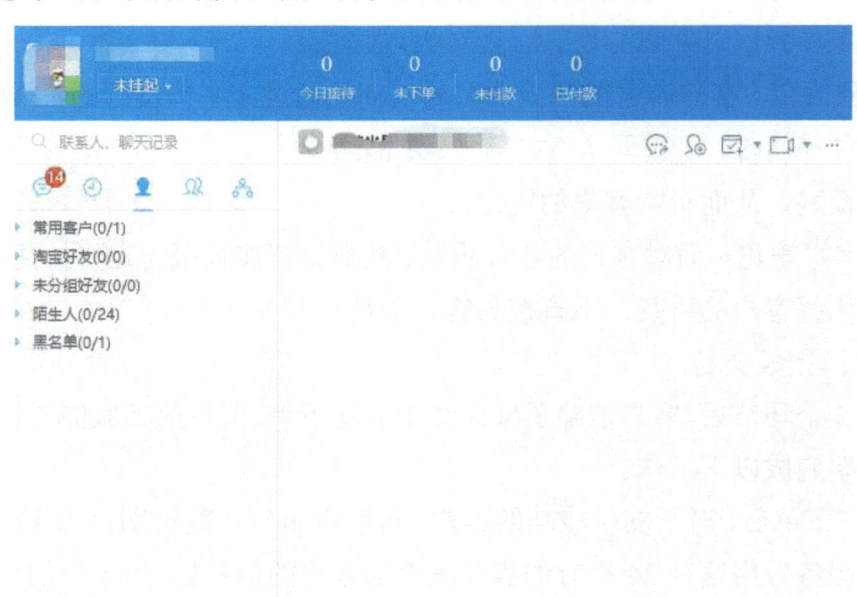

图6-11　千牛的好友和买家分类界面

（2）网站宣传和信息更新。

通过千牛，卖家可以一次性发布批量的信息给买家，如通知买家有新品上线，或者告知买家近期有优惠活动等。买家用户登录阿里旺旺之后进入聊天界面，就可以看到卖家发布的新状态，了解商品的主要信息。千牛的聊天界面如图 6-12 所示。

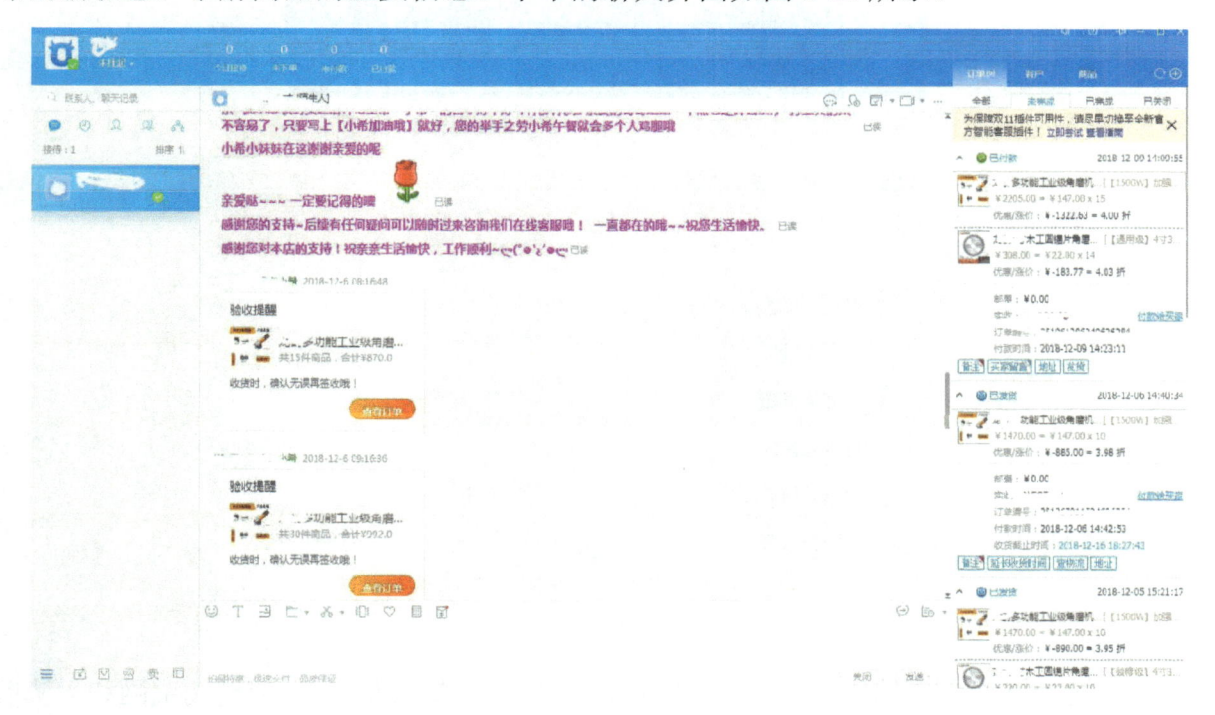

图 6-12　千牛的聊天界面

（3）丰富的系统功能。

千牛具备非常强大的系统功能，用户在聊天过程中可以进行语音、视频聊天，传输超大容量文件，发送截图、丰富的交易动态表情等，如图 6-13 所示。

图 6-13　千牛丰富的系统功能

| 网店运营

(4) 多方商务洽谈。

一个千牛账号可以同时支持 30 人在线洽谈。因此，当网店生意比较繁忙的时候，不必担心千牛应付不过来，同时与多人进行沟通可增加沟通的效率，如图 6-14 所示。

图 6-14　与多买家同时进行沟通

对于淘宝网和天猫的用户来说，阿里旺旺是最安全的沟通工具，它是淘宝网和天猫唯一认可的聊天工具。买卖双方不必担心对方发过来的购物链接不够安全，阿里旺旺在发送商品链接时会自动显示商品的图片、价格等信息；同时，软件也会自动屏蔽检测到的钓鱼网站。

另外，如果沟通过程中发生了一些纠纷，那么阿里旺旺的沟通记录的截图是唯一可靠的证据。

课堂讨论

你使用过千牛吗？千牛还有什么特殊的功能吗？

2）千牛的下载和安装

(1) 千牛的下载。千牛的下载界面如图 6-15 所示。

单击"下载千牛"按钮，按照操作流程进行下载即可。

(2) 千牛的安装。千牛的安装步骤同大多数软件的安装步骤基本一致，这里不再赘述。安装成功后，其登录界面如图 6-16 所示。

图 6-15　千牛的下载界面

图 6-16　千牛的登录界面

3）使用千牛进行网店销售和沟通的一些技巧

（1）充分利用千牛买家中心的个性签名栏进行网店和商品的宣传。

这个功能很多卖家并没有进行利用。个性签名是买家打开千牛之后最先了解的信息，如果个性签名是空的或者只有一些没有用的信息，那么它对网店的宣传和销售就没有帮助。

在"系统设置"→"接待设置"→"个性签名"中可进行个性签名的设置，如图 6-17 所示。千牛个性签名的显示如图 6-18 所示。

（2）随时关注老买家，给老买家发送网店动态信息。

一般来说，买家对以前购买过的网店会更加信任。但是老买家并不会主动关注卖家的信息，因此时间久了很可能会忘记购买过的网店。因此，作为卖家，应该主动利用千牛中买家的信息来对买家进行分类，并一一进行联系，让老买家能够了解网店动态，如图 6-19 所示。

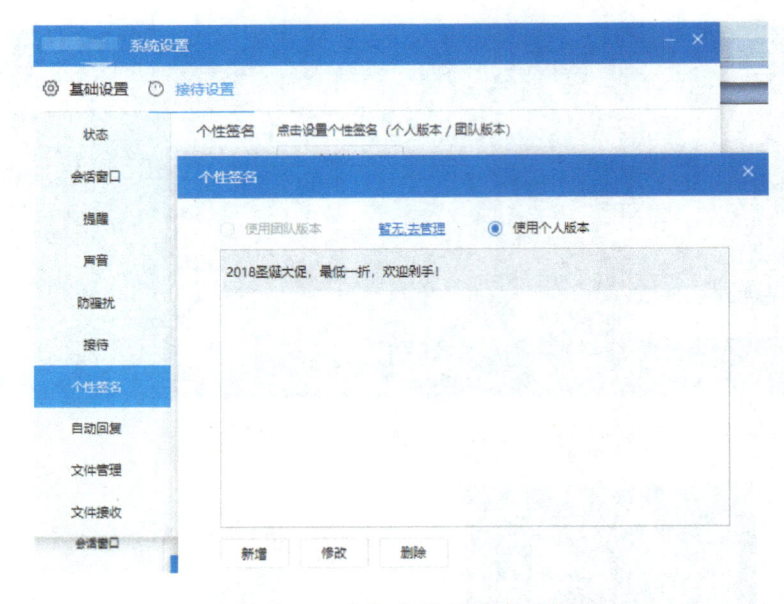

图 6-17　千牛个性签名的设置

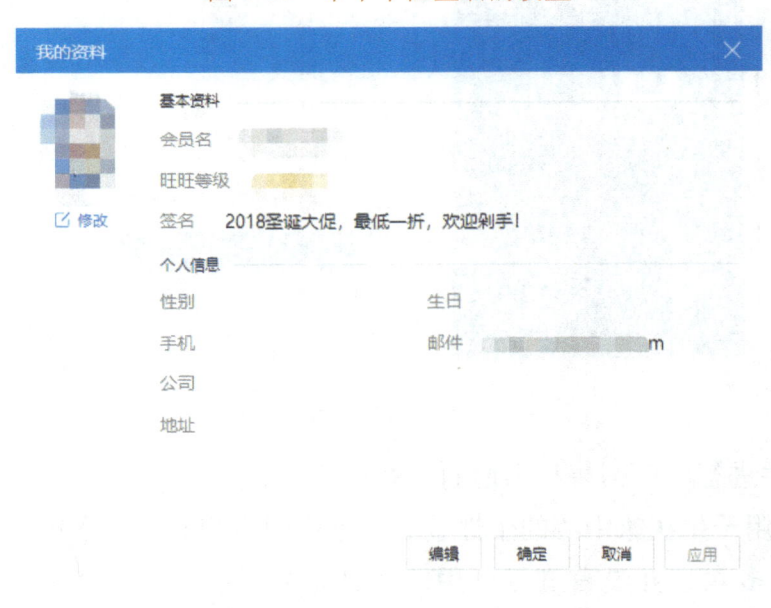

图 6-18　千牛个性签名的显示

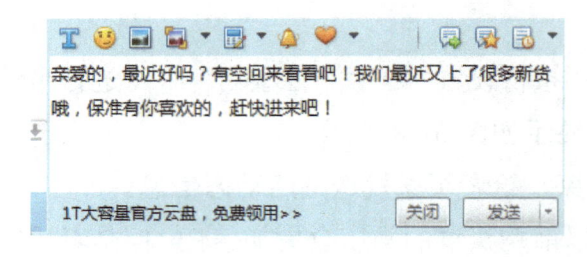

图 6-19　关注老买家

（3）告知买家交易的每个动态。

在与买家完成交易之后，通过千牛告诉买家货物的信息或者交易的状态，这样能使买家对交易更加放心，也对卖家更加信任、更加有好感。告知买家交易动态如图 6-20 所示。

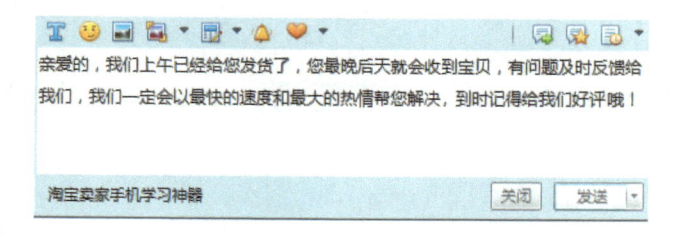

图 6-20　告知买家交易动态

（4）设置个性化的欢迎词及留言回复。

千牛具备自动回复的功能。在"系统设置"中的"自动回复"中可对自动回复的内容进行设置，如图 6-21 所示。自动回复对买家来说很重要，如果不能及时对买家进行回复，很可能就会流失大量的潜在买家。

图 6-21　自动回复设置

自动回复的设置也不是一项简单的工作。如果回复的内容没有礼貌或者没有热情，买家看到这些冰冷的文字可能不会回复。因此，在设置自动回复时要尽量显示我们的热情和真诚，让买家觉得我们是在认真对待他们。

随着社会化媒体的逐渐普及，电子商务与社会化媒体之间的融合日渐深化，除了千牛这个沟通工具外，微信也已经获得各卖家的青睐。现在越来越多的买家可以通过微信了解卖家网店的动态，通过微信聊天与客服进行沟通并完成购物和付款的全部流程。未来，社会化媒体将会以更多的形式与电子商务进行结合。

应该说每种买家服务工具都有自己的特色，不能绝对地说哪种更好，因为它们都是在不同的情况下使用的，都是在不同的平台下为买家提供服务的。

本节任务

任务背景

你在淘宝网上开了一家服装店,专门销售男士休闲装。一切准备就绪,但是你现在还没有安装千牛买家端,无法与买家进行沟通。有一个买家想要咨询服装的号码大小问题,你安装千牛之后需要利用千牛与他进行交谈,最终解决买家的问题。

任务要求

每两人为一组,一人扮演卖家,一人扮演买家。买家和卖家都要安装千牛买家版和千牛卖家版软件。要求到官方网站上下载安装相关软件,然后卖家做如下工作。

首先,给自己的千牛设置个性签名,要求卖家的个性签名必须能够体现网店和产品的相关内容。

其次,设置自己的自动回复内容,要求回复语言热情、亲切。

再次,买家咨询产品型号相关问题时,卖家在交谈中要使用一些千牛的辅助功能,如表情符号、截图、链接等。

最后,卖家成功完成销售。

完成之后,教师选出优秀的案例向全班进行展示。

课后思考与练习

简答题

1．你还知道哪些网络买家服务工具?请向全班介绍这个工具。

2．你了解微信吗?你知道微信在现在的网络营销中的具体功能吗?你知道如何使用微信进行销售和沟通吗?请向全班同学进行介绍。

任务3 售后客服

任务目标

1．理解售后服务工作的重要性。
2．掌握售后客服的工作内容。
3．了解买家投诉的主要原因。

4. 掌握处理买家投诉的步骤。

5. 能够恰当地解决买家的各种投诉。

6. 能够恰当地处理买家的评价。

知识储备

在各类网店激烈竞争的今天，随着消费者维权意识的提高和消费观念的变化，消费者不再只关注产品本身，在同类产品的质量与性能都相似的情况下，消费者更愿意选择那些拥有优质售后服务的网店。因此，网店卖家都越来越重视售后服务。售后客服的工作直接影响了整个网店的售后服务的效果。

1. 售后服务的重要性

售后服务是销售最重要的环节。售后服务已经成为企业保持或扩大市场份额的重要因素。售后服务的优劣能影响消费者的满意程度。

售后服务的重要性主要体现在以下几个方面。

（1）售后服务本身就是口碑营销。口碑营销的主要载体是老买家，因此做好售后服务有利于维护老买家，稳定客源，并吸引新买家。

（2）售后服务有利于网店运营人员反思成长。在售后服务的过程中，售后客服要解决买家反映的各种问题，如产品本身的问题、产品使用的问题、物流的问题及服务本身的问题，面对这些问题，售后客服除了要在第一时间解决买家提出的疑问外，事后还要反思为什么会出现这样的问题，从而使得网店运营人员追本溯源，标本兼治，在今后的工作提前避免类似问题的发生。

（3）售后服务有利于网店良性、长久发展。随着人们消费意识的转变，目前买家选择任何一家电商企业购买产品，不仅仅关注产品的本身和价格，更关注买家服务质量的优劣，能让买家满意这是一项让买家重复购买的重要指标，而越重视售后服务的网店，越能逐渐走出价格战的困境，从而使网店逐渐成长为服务型企业。

2. 售后客服的含义

所谓售后服务，就是在商品出售以后卖家所提供的各种服务活动。而售后客服就是在这个阶段，为买家解决问题的服务人员。

从网店销售的特点来看，售后服务有更多的工作需要完成，售后服务中出现的问题也会有很多，作为售后客服必须掌握售后服务的基本技巧，同时售后服务本身也是一种促销手段。在售后服务阶段，售后客服要采取各种形式的配合步骤，通过售后服务来降低买家投诉所产生的差评率，提高网店的信誉，扩大产品的市场占有率，提高买家的满意度，为后续的营销活动打下坚实的基础。

3. 售后客服的工作内容

（1）查件、延长快递收货时间、货物破损、补货、换货、退货、申请退款、买家维权，分别做表格进行登记。

（2）对前一天的物流发货情况进行跟踪，对未查询到的订单及时与快递客服和买家沟通，主动延长收货时间。

（3）对前一天的评价进行跟踪，对每条评价进行评价解释，对差评进行 Excel 统计，负责进行有效的买家管理和沟通。

（4）及时解决买家对产品质量、使用过程中出现的问题，并做好相应的记录，并反馈给相关产品部门，为提高产品质量提供一手资料。

（5）妥善解决买家对服务本身的投诉问题，找到根本原因，避免对网店造成负面影响。

4. 售后客服的工作原则

1）耐心倾听

无论是正常的售后问题，还是有纠纷的售后问题，都说明服务没有做到位，没有让买家感到满意，在这种情况下，售后客服首先要耐心、认真地倾听买家的诉求，并做好相应的记录，让买家将自己的不满情绪发泄出来，并用恰当的方式表达对买家的理解，如"我明白您说的！""我理解你的感受！""的确，我要是遇到您这样的情况也会不高兴的。"

2）认同买家

进入售后服务环节时，买家会出现各种各样的态度，失望、生气，有些可能还会有过激的语言，这时买家最需要的不是售后客服的解释，而是售后客服对买家情绪的认同，这时售后客服要使买家感到自己被理解，让买家倾诉自己的不满，逐渐地将买家的负面情绪降至最小，然后表示抱歉，此时，买家情绪已经较为平静，售后客服才能更好地帮助买家解决问题。

3）及时解决

在售后服务的这个环节，首先售后客服要在买家提出问题后短时间内快速回复。然后面对买家提出的问题或质疑，售后客服要全面了解问题，并根据相关规定及买家的要求，在不影响买家和网店两者利益的基础上，最大限度地满足买家。这样做的好处：一是可以使买家感到自己受尊重；二是可以使买家感到企业的诚意；三是可以使网店受到负面评价的影响降到最小；四是可以得到买家对网店的服务质量的更高评价。

4）认真负责

在处理售后问题的过程中，每一名售后客服都应该认真对待，不放过任何一个细节，对待买家的任何一个细小的问题，都认真答复并做相应的处理。作为售后客服，要本着对买家和网店都要负责的态度，既要站在买家的角度处理问题，又要维护网店的利益与名誉。

案例分享

负责任的态度带来的收获

小宋自己开了一家网店,专门销售女性精美饰品,他店里的商品琳琅满目,美不胜收,吸引了很多买家。

一天,有一个买家开始咨询商品的事情,买家先是看中一款很精美的银手链,镶嵌着一颗颗小小的珍珠,非常吸引人。她把链接发给小宋,询问这个手链的情况。以下是他们的对话。

买家:请问这个手链是纯银的吗?

小宋:亲,不是的哦,这个价格一般都不是纯银的,但是我们是保证质量的,一个月内坏了您找我们,我们包修的。

买家:哦,但是我的皮肤是过敏肤质,如果材质不是纯银的很可能会过敏呢。

小宋:这样啊,那真是遗憾。不过没关系的,我们这还有一款跟这条比较类似的纯银手链,就是价格要高一些的。

买家:是吗,太好了,您把链接给我吧。我看看。

(小宋发了商品链接。)

小宋:亲,您觉得合适吗?

买家:是挺好看的,就是价格有一些贵哦。

小宋:这个价格已经是市场最优惠的了呢,何况我们还保修呢。您要是买两条是可以包邮的。

买家:真的啊,刚好我也想送一条给我的好朋友,那我就买两条好了。

小宋:好的。对了,忘了告诉您,您和您朋友的手腕偏粗还是偏细?

买家:什么意思啊?

小宋:是这样的,我必须要在您购买之前告诉您,我们这款手链是不能调整长度的,如果您的手腕太粗,不一定能戴上去。您能告诉我您和您朋友的手腕围吗?

买家:这样啊,我是比较胖,刚量了下手围,有15厘米呢,但是我朋友手腕比我细。

小宋:15厘米的话是可以戴进去的,不会太紧的。您可以放心了。

买家:真的啊,那太好了,您真是太负责任了。谢谢您!我一定会向我身边的好朋友推荐您的店,现在像您这样负责任的客服真是少见了。

小宋:那真是谢谢啦!希望您购物愉快哦!

没过半个月,这个买家又来了,这次她要买30条手链。原来,她们组织的美女舞蹈班过段时间要参加表演了,她们觉得小宋的手链不仅漂亮、质量好,而且客服非常可靠,于是打算在他的网店购买手链。小宋坚持对买家负责任的态度最终获得了丰厚的回报。

> **课堂讨论**
>
> 站在买家的角度,你觉得买家在投诉过程中在意店家的态度吗?

5. 买家投诉的处理

1)了解买家投诉的原因

售后客服在面对买家投诉时,需要第一时间找到买家投诉的原因,这样才能做到有的放矢,为买家提供有针对性的、有效的解决办法。但在与买家沟通的过程中,经常由于双方沟通不畅,导致无法了解买家真正的投诉原因,不仅解决不了买家的投诉,更有可能导致买家投诉进一步升级。所以对于售后客服来讲,迅速地了解买家投诉的原因,是处理投诉过程中的关键步骤。

买家购买商品是为了满足某种需要,买家购买的不仅仅是商品本身,还有买家的期望值。买家期望得到超值的服务体验。尤其是名牌商品,买家对其服务的期望值更高。当买家发现自己所感受到的低于期望值时,就会心中不满,可能会投诉。

第一,质量问题导致投诉。

这是最普遍的投诉原因。很多卖家在买家咨询时过分吹捧自己的商品,或者在商品描述中使用不符合实际的商品图片,买家收到商品之后发现与预期的样子差别太大,难免会生气。例如,卖家承诺自己的裤子不掉色,结果买家穿了之后把其他衣服都染了颜色,买家肯定会生气。

> **案例分享**
>
> **张女士买手机的经历**
>
> 张女士去年4月花了1800元在某网店购买了一部手机。到了9月手机就经常无信号,甚至自动死机。张女士找到了该网店的售后客服,得知需返厂维修。
>
> 一个月后,张女士取回手机,使用还不到一周,原来的问题又出现了,而且更严重,频繁自动死机。这次,售后客服声称要换主板,张女士心想:这次修理好,就该没有问题了。
>
> 一个月后,张女士得知售后客服不小心把手机的屏幕弄破了,又要返厂修理。一个月过后已是当年的12月,张女士拿到手机后使用还不到一周,就又出现死机问题。张女士实在没耐性了,要求换机,但对方坚持继续维修,并答应提供给她备用手机。
>
> 张女士无奈之下不得不在该网店所在的电子商务平台进行投诉,最后该网店同意给张女士调换一部新手机。

因质量问题而导致的买家投诉，在所有投诉中占比最高。尽管买家能够理解商品不可能完美无缺或满足每个人的需求，但是他们还是会因为这个原因表示不满。对于因质量问题给买家造成影响的，应该真诚地向买家道歉，更换新商品，或者给予一定的经济补偿。

第二，服务问题产生投诉。

买家购买了并不是自己需要的商品或者不清楚如何使用的商品，就可能会投诉。这就要求客服在向买家介绍的时候，一定要清楚买家的真正需求。同时，卖家应该在第一时间确认买家已经理解商品的使用方法。现在，市场上商品的种类越来越多，这就要求客服在平时为买家提供服务时，注意积累这方面的知识，做到有备而战。客服在服务过程中，如果处理不当也会导致买家投诉。

案例分享

怠慢的后果

客服："您好，请问有什么可以帮您？"

买家："我有一个问题想请教一下。"

客服："好的，您请讲。"

买家："我去年买了您的墙纸，我们在做墙壁改造时，一定要加×××吗？"

客服："如果有的话就要加上。"（随意地）

买家："我有一位朋友也是用你们的产品，他并没有加的。你说要不要加？"

客服："加不加都可以，你要问我呀，那就加上吧。"

买家："这对我是很重要的问题，很严肃的，怎么能这样随便，太过分了！"

买家十分不满意，并投诉了这名客服。

第三，买家过度利用权利而产生投诉。

在现实生活中，总会遇到这样的买家：过度利用买家自身的权利，或者没有搞清楚是商品的问题还是自身的问题就去投诉卖家。

案例分享

买家自己的失误

买家投诉电热咖啡壶不保温，煮出来的咖啡不香。

处理：建议买家正常操作，把水放到水箱里，如要保温需要持续通电。

买家反映：买家意识到自己没有通电保温后，又向客服提出了其他问题。显然，买家此时处于一种自我保护状态（他不愿意承认是自己的失误），之后，买家表示自己已经理解客服所讲的意思了。

但是，买家又提出了一个问题，即"我的咖啡壶煮出来的咖啡不香"。

显然这个问题属于买家的高期望提问。客服仔细询问后得知：买家用的是印尼咖啡豆磨的咖啡，看来对咖啡比较喜欢。客服建议买家把咖啡磨得细一些，这样可以调节咖啡的味道。

此时，买家就询问客服是否用速溶的会更好。为了迎合用户对咖啡喜欢的心态，客服表示速溶咖啡虽好，但是自己磨出来的咖啡喝起来更有成就感，有时间可以到网上查找一些相关资料以便获得更多的技巧。

这时候买家表示非常满意，同时也对客服表示非常感谢。

上面所提及的事例是由于买家对商品性质和使用常识产生的误解而导致的买家投诉。在这种情况下，教会买家正确使用商品的方法，并耐心细致地询问和引导买家也是一种解决办法。

课堂讨论

你在购物过程中有没有过不愉快的经历，导致你很想投诉卖家？

2）处理买家投诉的步骤

处理买家投诉时可以按照下面的步骤来进行。

（1）从倾听开始，平息买家的怨气。

买家在投诉时，多带有强烈的感情色彩，并且具有发泄性质，因此要平息买家的怨气。在买家盛怒的情况下，需要安抚买家，放低姿态，承认错误，平息买家的怨气，让买家在理智的情况下解决问题。

买家不满的时候，他只想做两件事：表达他此时的心情和迅速将问题解决。售后客服需要做的就是鼓励买家发泄。买家只有发泄完，才会听售后客服说话。在买家发泄的过程中，售后客服需要细心聆听，发现对解决问题有效的信息。也许此时买家更多的是在表达自己的感受和观点，但同样对解决问题有一定的参考价值。另外，售后客服还需要控制自己的脾气，买家此时发泄，并不是针对售后客服，只是想一吐心中的不快，所以，售后客服千万不要一时控制不住自己，心里产生同买家对抗的情绪。

最后，还要注意语言的使用。

恰当的表达方式包括："我理解您的感受！""我明白您的意思！""是的，谁遇到这种情况都不会开心。"

避免使用的表达方式包括："你可能不明白……""你肯定弄混了……""你应该……""我们不会……我们从没……我们不可能……""你弄错了……""这不可能的……""你别

激动……""你不要叫……""你平静一点……"

（2）认同买家的感受，道歉并感谢买家。

买家在投诉时会表现出烦恼、失望、泄气、发怒等各种情感。买家应得到重视和获得最迅速、合理的解决方法，所以要让买家知道你非常理解他的心情、关心他的问题。

有些人认为向买家道歉会使自己蒙羞，令自己承担责任。事实上，这种想法是不合逻辑的。售后客服的道歉表明了自己对买家的诚意，使买家感到自身的价值和重要性，这只会让买家更加认同该网店。接待的人可能不是导致买家投诉的人，但即便如此，也应该道歉，因为这个买家由你接待，而你代表着网店的整体形象。不要在买家面前责备其他同事，或为自己找借口，买家需要的是解决问题。

与此同时，要向买家致谢，感谢买家提出了有利于自己在管理或服务方面需要改善的问题。可用这样的话表示感谢："很抱歉我们让你感到失望了。""抱歉给您带来了不便。""你的话提醒了我们……谢谢您对我们的支持！"

（3）提问。

听过了买家的抱怨，表示了歉意和感谢，这只是给了买家一个空的礼品盒，真正的问题还没有得到解决。这时就需要通过提问进一步明确买家投诉的原因，解决买家的问题。尽管买家在发泄阶段说了很多话，但可能会忽略一些重要的信息，他们或者以为那些问题不重要，或者忘了说出来，而这也许正是问题解决的关键。因此，通过提问可以收集到更完整的信息，以了解买家真实的需要，正确并且迅速地解决问题。

（4）承担责任，表示愿意提供帮助。

在明确了买家的问题之后，很显然下一步要做的就是拿出一个双方均可接受的问题的解决方案。解决方案中绝对不能包含不在自己权限内的或者网店不允许的内容，因为这在最后承诺无法兑现时会令买家更加愤怒。

当卖家的服务态度或服务技巧欠佳时也会引起买家的投诉，此时买家需要的也许仅仅是道歉。当错误确实无法通过退换货进行改正，或通过道歉弥补时，就要给予买家一定的补偿性关照，包括：送赠品，如礼物、商品或服务；网店承担额外的成本，如送货费用；个人交往，表示歉意和关心；打折。补偿性关照是在感情上给予买家一定的安抚和补偿，但是它不能替代服务。所以接下来售后客服要表示愿意提供帮助的意愿。问题澄清了，买家的对立情绪降低了，售后客服接下来要做的就是为买家提供解决方案。

（5）解决问题。

针对买家投诉，售后客服应有各种解决方案。售后客服在提供解决方案时要注意以下几点。

① 为买家提供选择。

通常一个问题的解决方案都不是唯一的，尽量多地给买家提供选择会让买家感到受尊重，同时，买家选择的解决方案在实施的时候也会得到来自买家方的更多认可和配合。

② 诚实地向买家承诺。

能够及时地解决买家的问题当然最好，但有些问题可能比较复杂或特殊，售后客服不确定是否能为买家解决。如果售后客服不确定，千万牢记不要向买家做任何承诺。要诚实地告诉买家情况特殊，客服会尽力帮买家寻找解决的方法，但确实需要一点时间。然后约定给买家回话的时间，并确保准时给买家回话。即使到时售后客服仍不能帮买家解决，也要在承诺买家的时间范围之内打电话向买家解释，表明售后客服所做的努力，并再次约定给买家答复的时间。与不能兑现的承诺相比，诚实会更容易得到买家的尊重。

尽管售后客服从专业的角度提供了相应的解决方案，但是可能买家还是不满意、不接受，这时最好征询买家的意见："您希望我们怎么做？"这样买家感到了尊重，心里会很满意。但是，买家的要求可能会出乎售后客服的意料或是无法满足，或者问题是由买家造成的，又该怎么办呢？当不满的买家提出要求时，首先应尽量满足他们的要求，人们对于自己得不到的东西可能会很失望，产生挫折感或者不安，甚至不满。若售后客服不计对错地满足买家的需求，就会发现买家的不满减少了，满意增加了。

（6）适当地给买家一些补偿，并进行跟踪服务。

为了弥补一些失误，可以在解决买家问题之外给予买家一些额外补偿。但要注意两点：一是一定要先将问题解决；二是改进工作，避免今后发生类似的问题。在某些品牌公司，当买家购买了他们的产品之后，售后客服会在之后的几天里给买家打电话，询问买家对产品的使用情况，买家对此举非常喜欢。跟踪服务的形式有打电话、发电子邮件或发信件。通过跟踪服务，向买家了解解决方案是否得到执行、是否有用，买家是否还有其他问题、是否满意等信息。

如果售后客服与买家联系后发现买家对解决方案不满意，就需要继续寻求一个更可行的解决方案。在对买家的跟踪服务中，无论是打电话，还是发电子邮件和信件，都应遵循一定的要求。

3）处理买家投诉时需要注意的问题

在处理买家投诉时一定要牢记避免发生以下情况。

（1）推卸责任。

勇于承担责任是售后客服的一种美德，在处理投诉的过程中最忌出现售后客服推卸责任，把买家投诉像皮球一样踢来踢去的情况。所以，无论投诉是哪一个部门，哪一个人造成的，只要是你接待的，就要勇于承担责任。

（2）敷衍了事。

售后客服在面对买家投诉时往往表面上做足了功夫，做足了平复买家心态的工作，却不为买家真正解决问题，买家投诉之后，一切消息就石沉大海，这种情况也是不允许发生的。

（3）拖延而不解决。

售后客服在一开始处理投诉时，就要向买家承诺解决时间，并且在承诺时间内将问题解决，绝不能拖延而不解决，否则会导致更多的投诉，甚至失去买家。

6．买家评价的处理

1）了解评价规则

各种 C2C 网络交易平台都会设置买家评价环节，并对评价做出了一些限定。下面以淘宝网为例来了解网络交易平台的评价规则。

淘宝网的评价规则是由信用评价规则和网店评分规则两部分组成的。

（1）信用评价规则。

① 信用评价的定义。

淘宝网会员在使用支付宝服务成功完成一笔交易后，双方均有权对对方交易的情况做一个评价，这个评价亦称信用评价。

评价积分：评价分为好评、中评、差评三类，每种评价对应一个积分。

评价计分：好评加 1 分，中评为 0 分，差评扣 1 分。

信用度：对会员的评价积分进行累积，并在淘宝网网页上进行评价积分显示。

评价期间：交易成功后的 15 天。

② 评价规则。

支付宝系统中一笔交易的显示状态为"交易成功"，在交易成功后的 15 天内，会员可以进入"我的淘宝"→"我是买家（我是卖家）"→"已买入的宝贝（已卖出的宝贝）"进行评价。若在评价期间内未进行评价操作，则无评价操作入口。（天猫无评价入口，只有网店评分入口，可详见此规则中的网店评分规则。）

如果交易过程中发生退款，且交易买方选择"未收到货"或"要退货"，则在退款完成后，此交易视为取消，不发生评价无评价积分。

买家在评价时可以选择匿名评价，即选择隐藏自己的名字，选择了匿名评价后，此交易的出价记录与评价记录都将匿名显示，匿名做出的评价产生评价积分。

若买家在进行评价时，没有选择匿名评价，在交易评价完成后 30 天内，有一次机会可以将此评价更改为匿名评价，更改后此交易的出价记录与评价记录都将匿名显示，此评价将不重复计分。匿名评价不能改为非匿名评价。

如一方给对方好评而另一方未评，在交易成功 15 天以后系统将自动默认给予评价方好评。如一方在评价期间内做出中评或差评，另一方在评价期间内未评价的，则系统不给评价方默认评价。如双方在评价期间内均未做出评价，则双方均不发生评价，无评价积分。

（以上规则仅限于个人交易平台，买家给予天猫的卖家有效网店评分后，系统会默认给予买家一个好评。）

如交易双方做出的评价都是好评，则评价内容将即时全网显示并积分。如一方给予另一方的评价是中评或差评，交易双方互评的，则评价内容将在交易双方全部完成评价48小时后全网显示并计分。如仅一方做出中评或差评，另一方未评价，则评价内容将在评价期间届满的48小时后全网显示并计分。

评价计分规则：每个自然月中，相同买家和卖家之间的评价计分不得超过6分（以支付宝系统显示的交易创建的时间计算），超出计分规则范围的评价将不计分；若14天内（以支付宝系统显示的交易创建的时间计算）相同买卖家之间就同一商品有多笔支付宝交易，则多个好评只计1分，多个差评只记-1分。

③ 评价的修改和删除。

中评或者差评在评价后30天内，评价方有一次自主修改或删除评价的机会，可以选择修改，仅限修改成好评，也可以进行删除。评价经修改后不能被删除或再次修改。更改后的评价按本规则规定计分。

如评价方确认需要修改或删除评价，请登录"我的淘宝"→"信用管理"→"评价管理"→"给他人的评价"，找到相应评价，单击"我要修改"按钮进行修改或删除此评价。评价只能修改或删除一次。

评价修改后，被评价方所做的解释将被清空。

④ 评价积分的显示。

在交易中作为卖家的角色，其信用度分为20个级别。在交易中作为买家的角色，其信用度也分为20个级别。

（2）网店评分规则。

① 网店评分的定义。

网店评分是会员在淘宝网交易成功后，仅限使用买家身份的淘宝网会员（下称买家）对本次交易使用卖家身份的淘宝网会员（下称卖家）进行如下4项评分：宝贝与描述相符、卖家服务态度、卖家发货速度、物流公司服务。只有使用支付宝并且交易成功的交易才能进行网店评分，非支付宝的交易不能评分。

网店评分的有效评分期为交易成功后的15天。

② 评分规则。

支付宝软件系统中一笔交易订单的显示状态为"交易成功"，在交易成功后的15天内，买家可以登录"我的淘宝"→"我是买家"→"已买入的宝贝"进行评分。若在评分期间内未进行评分操作，则无评分操作入口，不评分则无分值，无默认分。

如果该笔交易订单在交易过程中发生全部退款，且交易买方未收到货或要退货，则在退款完成后，此交易视为取消，不发生评分则无分值。

买家在淘宝网个人交易平台交易成功后，买家可以对本次交易成功的卖家进行如下4项评分：宝贝与描述相符、卖家服务态度、卖家发货速度、物流公司服务。买家计分规则请参照信用评价规则。

买家在天猫交易成功后，可对本次交易成功的卖家服务态度、卖家发货速度、物流公司服务3项指标分别做出评分，对本次成功交易的每种商品做出宝贝与描述相符的评分。如果交易过程中发生部分商品退款，且交易买方选择未收到货或要退货，则在退款完成后，此商品不参与宝贝与描述相符的评分，不发生评分则无分值。有效评分期内买家每完成一种商品的宝贝与描述相符的评分，则系统自动给买家默认一个好评（根据信用评价规则计算买家积分），反之则系统不给买家默认评价。

虚拟物品及不需要使用物流的交易无物流公司服务评分项。

4项指标打分分值：1分——非常不满意；2分——不满意；3分——一般；4分——满意；5分——非常满意。

网店评分为匿名评分，不显示评分人的个人信息及单笔评分分数。

网店评分成功后，立即生效，一旦生效即无法修改；若买家对卖家进行网店评分时，只对其中几项指标做出评分后，就确认提交了，则视为完成网店评分，将无法再次修改和评分。

网店评分以滚动的方式展示，且只展示近6个月的评分分数。

③ 网店评分计分规则。

每个自然月中，相同买家和卖家之间若产生多笔成功交易订单且完成网店评分，则卖家的网店评分有效计分次数不超过3次（以支付宝系统显示的交易创建的时间计算）。超出计分规则范围的评分将不计分。

网店评分生效后，宝贝与描述相符、卖家服务态度、卖家发货速度3项指标将分别平均计入卖家的网店评分中，物流公司服务评分不计入卖家的网店评分中，但会计入物流平台中。

2）正确处理买家的评价

对于一个网店来说，买家的评价是至关重要的。一个差评很可能会影响几十单、几百单后续交易的达成。有些卖家自己的商品不好，导致很多买家给了差评，这时卖家不仅不反思自己的商品质量和服务态度，反而一味地埋怨买家，甚至故意说买家陷害自己，有的甚至威逼利诱买家更改评价。这种行为不仅会深深伤害已经受过一次伤害的买家，还会让其他潜在买家有客服不负责任、店员没有素质等很不好的印象。因此，正确处理各种评价是卖家的必修课。

（1）对于买家的好评要表示感谢。

不要把买家的好评当作理所当然的。当买家对你的产品和网店表示满意的时候，你应该抱着感恩的心来对待。最好的方式是及时回复买家的评价，再对买家的评价表示感谢。例如，"感谢您对我们的认可，您的满意是我们最大的追求！我们一定会继续努力，为您带来更好的商品和服务。祝您生活愉快！"

（2）对于买家的中评、差评要及时分析原因，找到解决方案。

对于卖家来说，得到好评加1分，得到差评扣1分，得到中评不得分。如果中评和差评过多，无疑会影响网店经营的效益，使其他买家不敢购买。如果遇到买家的中评、差评，售后客服不应该一味地怨愤，这样只会使买家更加不满，最终影响的还是自己。正确的做法如下。

① 认真分析原因。

买家不会无缘无故给出差评，一般他们在评价中会说明原因，或者是因为商品质量不好，或者是因为快递太慢，又或者是商品出现了破损，更有甚者是因为自己不喜欢。弄清楚这些原因是解决问题的关键。

② 主动联系买家并道歉。

无论是哪一方面的过错，卖家都应该及时与买家沟通，了解买家的心理，并主动承认错误。大多数时候，只要卖家的态度好，买家不会坚持不修改中评、差评。如果卖家能够在可承受的范围内与其达成协议（如退换货、下次购物打折、赠送优惠券等），那么买家也许会更好沟通。

课堂讨论

你有没有给过卖家差评？说一说是什么原因，最后是怎么解决的。

③ 找到解决方案。

如果真的是卖家导致了买家不好的购物体验，那么聪明的卖家会及时与买家取得联系进行道歉并给予补偿。如果仅仅是因为买家自己主观的因素给了中评、差评，在与买家沟通之后无果，就应该在评价回复中进行说明，使其他买家了解到真实的原因，避免被这种刻意的中评、差评蒙蔽。总之，一定能够找到一种尽量使双方都满意和认可的解决方法。

案例分享

怎样避免买家的中评、差评

小路曾经在一家卖食品的网店工作，他的老板特别期待买家给中评、差评。大家都很不解。然而，老板把每次的中评、差评信息，以及售后处理的方法，详尽地列了出来，贴在小黑板上，让大家天天读。老板说，这是买家对我们不满意的地方，你们要好好改进，你们只有一个任务：让买家更满意。就这样，中评、差评不断地减少，最后几乎都没有了，买家都特别喜欢他们的网店，该网店生意也越来越好。他是小路见过最有远见的老板，也是小路最敬佩的一个人。中评、差评显示了自己的不足，比好评带来的意义更大。很多时候，我们被中评、差评冲昏了头脑，失去了理智，用恼怒的心情去对待，那恶果自然是愈演愈烈。

评价代表了服务、责任与态度。给你好评的人，不一定表示他真的很满意，也许他在宽容你的缺点。但是不是每个人都是这样的，所以，当另一人遇到同一个问题时，他可能会用中评、差评来告诉你，你应该改进这里。

我们应如何看待中评、差评，如何提防中评、差评的出现呢？

1. 保证产品质量和包装

此处的保证产品质量并不是说保证买家使用后的效果，相信任何一个卖家都保证不了，因为每个人身上存在的不同因素太多了，但作为一个好卖家必须保证产品是全新的、完好无缺的，并且需要精心包装好，这样不仅能减少产品在运输途中的磨损，也能给买家留下好的印象，最好是能送上一个小礼品，礼轻情意重，这样能给买家一个意外的惊喜。

2. 商品描述要客观

商品描述一定要客观，图片应尽可能地接近实物。大多数买家是因为看了商品的图片介绍，觉得满意才购买的，这时他们的心理预期值很高，但如果看到实物与图片相差太大，就觉得自己受到了欺骗。

3. 服务态度要好

态度能决定一切，如果卖家对买家很冷淡，甚至不回复买家的提问，买家的购物热情和心情会受影响，买家对于购买你的产品就会变得犹豫，这很容易流失买家，所以卖家要时刻保持充足的热情。好的服务是留住长久买家的必要条件。

4. 提高发货速度

发货速度也是影响买家评价的重要因素，一般当天的货物要当天发出。有特殊情况一定要跟买家解释清楚，要把每个买家都当作自己的亲人、朋友，认认真真对待，争取以最快的速度让买家拿到想要的货物。

5. 保证物流服务质量

物流服务质量不好也会导致买家给出中评、差评，所以一定要重视物流，在选择低成本快递的同时也要选择速度相对较快的快递。在买家付款前一定要核对好地址，确定好物流，这一步是不可省略的，做好这一步可以减少很多不必要的损失。

本节任务

任务背景

你开了一家箱包网店,主营真皮女士手提包和钱包,之前有一个买家购买了一个红色的手提包,结果你们在发货时搞错了,发成了黄色的。买家非常生气,要求赔偿一半的款项,但是你们表示希望承担换货运费,拒不赔款。买家表示自己马上就要出差参加一次会议,这次会议很重要,本来买的这款红色的手提包与自己的服装是最搭的,结果发来了黄色的,退换货肯定是来不及了,自己只能将就着使用了,所以一定要求退款。你感觉非常无奈。

任务要求

每两人为一组,一人扮演卖家,一人扮演买家,然后根据任务背景进行情景模拟。
首先,卖家在处理买家的投诉时要体现出正确的服务态度。
其次,卖家要按照处理买家投诉的步骤与买家进行沟通。
最后,卖家要找到合理的解决问题的方案。
完成之后,教师选出一些案例来进行点评,指出情景模拟中存在的问题及优缺点。

课后思考与练习

一、判断题

1. 买家总是不厌其烦地讨价还价,应该尽早放弃这个买家将精力转移到有希望的买家身上。(   )
2. 一般买家投诉原因最多的是产品不符合他的期望。(   )
3. 处理买家投诉时要无条件听买家的。(   )
4. 大多数时候买家并不会无理取闹,我们应该抱着积极的态度来与买家进行沟通。(   )
5. 买家来投诉并不完全是坏事,有时候还能够帮助我们发现自己的问题,改善产品和服务的质量。(   )
6. 买家评价最好全部是好评,差评一点用处都没有。(   )
7. 买家给了差评,卖家应该及时打电话进行沟通,而不是埋怨买家不懂得欣赏。(   )
8. 对于那些无理取闹给差评的买家,沟通无果后可以以牙还牙,也给他们差评,并

在给他们的评级回复中说明情况。   （   ）

9. 不管是谁的原因，都应该先跟买家道歉并进行沟通。   （   ）

二、选择题

1. 在处理买家的咨询时，我们要抱着（   ）的态度来与买家进行沟通。
   A. 耐心   B. 负责
   C. 热情   D. 冷淡

2. 在处理买家投诉的过程中一定要牢记，不要在工作中发生（   ）的情况。
   A. 认真聆听   B. 推卸责任
   C. 敷衍了事   D. 拖延而不解决

3. 淘宝网会员在使用支付宝服务成功完成每一笔交易后，双方均有权对对方交易的情况做一个评价，这个评价亦称信用评价。评价分为（   ）。
   A. 好评   B. 中评
   C. 差评   D. 不评

4. 对于买家的中评、差评要及时分析原因，找到解决方案。正确的做法是（   ）。
   A. 找买家评理   B. 认真分析原因
   C. 主动联系买家并道歉   D. 找到解决方案

三、简答题

1. 买家投诉一般都是因为什么？
2. 如何处理买家的投诉？
3. 遇到无理取闹的给差评的买家，你会怎么做？简单说明你的处理流程。

四、情景题

请根据以下评价写出适当的回复。

今天你查看你玩具网店的买家评价，发现下面几条评价。

（1）我明明买了3个不同颜色和型号的玩具，怎么给我发来的3个是一样的呢？真好笑，我要3个一样的玩具做什么？果断差评。

（2）之前咨询的时候不是说1岁的孩子可以玩的吗，但是我家宝宝根本玩不了啊，拿都拿不起来，怎么玩啊？怎么不早说这个玩具这么重啊？估计还要等半年才能玩，害我现在还要重新买一个。差评！

（3）哇，这个娃娃真的很适合我们家宝宝啊，她简直爱不释手呢！这几天一直抓着不放手，生怕我们抢走了！关键是感觉玩具很环保，没有气味，质量很不错哦！5分好评！

（4）太过分了，等了10天才收到，还不如直接到店里买，你们家要是不换快递公司我是不会再来了！看在玩具还好的分儿上，中评！

任务 4　网店客户关系管理和维护

任务目标

1. 了解买家关系管理的含义和主要方法。
2. 了解买家管理和维护的一般步骤。
3. 能够高效地对买家的信息进行管理。
4. 能够及时、准确地进行售后跟踪服务。
5. 能够采用多种技巧来进行买家关怀。

知识储备

如果你开了网店，你会不会考虑这些问题：你的网店回头客多吗？老买家介绍的新买家有多少？新买家与老买家的区别是什么？要想网店生意好，则要有买家基础，这样新买家才能变成老买家，这就需要对买家进行管理和维护。下面就来学习如何进行买家关系管理和维护。

目前的电子商务经营模式正在逐渐转变为以买家为中心的模式，同时随着电子商务运营成本的日益增加，买家关系管理被越来越多的企业采用，因此优质的买家关系管理不仅能够降低运营成本，深入了解买家需求并挖掘买家价值，而且有助于电子商务企业提高经济效益，有助于增加电子商务企业的竞争力，更有助于电子商务企业树立优质的服务品牌。

1. 新、老买家的区别

无论是大型的电子商务企业还是微小的网店，都有新买家和老买家，老买家也可以说是忠实买家。只要是买家对于卖家来说都是非常重要的，因为买家即利润。但是新买家与老买家对于卖家的维护投入与产出比是有着明显区别的，如图6-22所示。

2. 老买家的重要性

老买家，顾名思义，就是到特定的某个网店购买次数、数量较多的买家，老买家真正关注的是网店的服务质量，满意度越高，老买家的忠诚度就越高。从网店的角度来说，就是要把每一位老买家的价值开发到最大。因此可以这样说，老买家是网店发展壮大的基石。

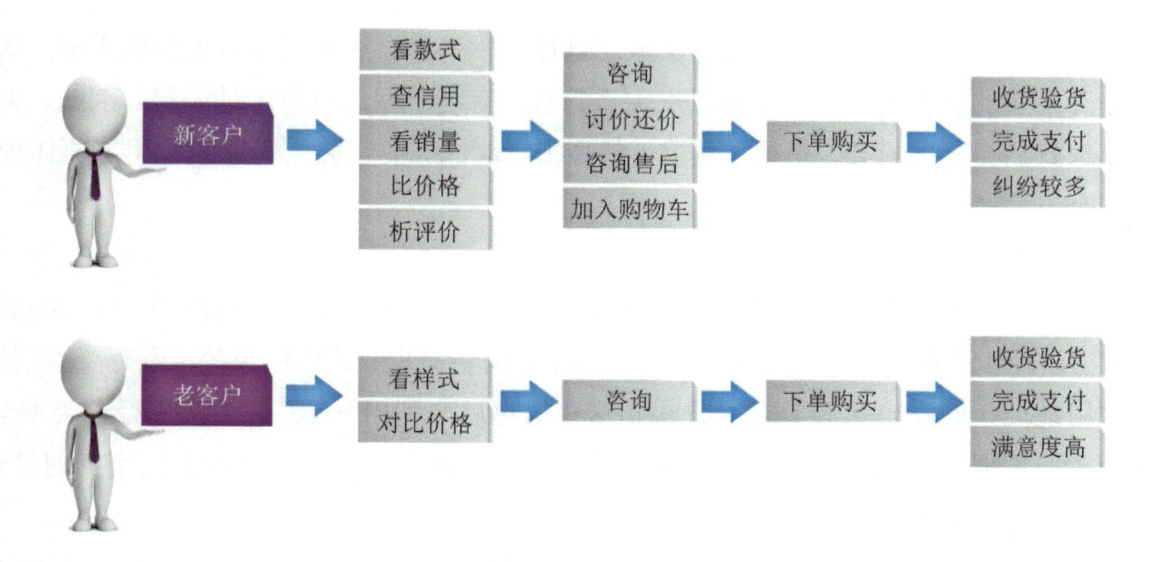

图 6-22　新、老买家的区别

（1）老买家是网店良好口碑的源泉。

口碑，就是他人对某网店的赞同、认可或抱怨。这是一种口头广告，也是一种最有力的免费的广告。口碑可以分为好口碑与坏口碑。口碑看上去是口耳相传的，但它的影响力可以深入人心。然而口碑最庞大的传播队伍就是老买家。良好的口碑就是老买家之间、老买家与新买家之间的相互传播，这样形成良性循环，促使网店朝健康的方向发展，从而拥有相对稳定的买家群。

（2）老买家有利于减少网店运营费用。

据统计，发展一位新买家的成本是挽留一个老买家的 3～10 倍。如果流失老买家，买家忠诚度就会下降 5%，这样便会导致网店利润下降 25%。通过这样的数据，我们会发现老买家的维护非常重要，服务得越到位，买家的满意度越高，老买家流失得越少，就相当于网店支付更少的运营费用。

（3）老买家有利于增加网店收益。

国际上有一种很流行的说法，叫"一元钱买家"。什么叫"一元钱买家"呢？就是说这个人一个星期来 4 天，每天来两三次，每次消费 3 元钱，一年这个人就消费 1500 元，如果这个买家能和这个店保持 10～15 年的关系，这个买家对于企业就意味着 20000 元的收入，这就告诉网店要重视每一位老买家，也许一位老买家的消费并不是很多，但是更多老买家的消费就是一笔可观的收益。据统计，向新买家推销产品的成功率是 15%，而向老买家推销产品的成功率是 50%。另外，60% 的新买家来自老买家推荐。

3. 买家关系管理的作用

买家关系管理是通过对买家详细资料的深入分析，来提高买家满意程度，从而提高网店的竞争力的一种手段。买家关系管理的核心是买家价值管理，通过"一对一"营销，满足不同价值买家的个性化需求,提高买家忠诚度和保有率,实现买家价值持续贡献,从而全面提升企业的盈利能力。利用好买家关系管理,有利于网店可持续地发展。因此,买家关系管理就显得至关重要,赢得了买家,就赢得了利润。买家关系管理的作用主要体现在以下几个方面。

(1) 有利于归纳买家信息。

通过买家关系管理,客服可以收集买家的各类信息,如买家的购物习惯,包括购买时间、购买兴趣、消费水平、购买频率、购买数量、购买需求、评价结果等,还有买家信用、买家常用地址、联系电话等。客服收集到这些信息后,利用 Excel 等工具进行分类整理,分析相关的数据,并及时更新。然后利用这些分析后的数据,对买家进行分门别类的管理。

(2) 有利于稳定老买家。

现在电子商务的竞争越来越激烈,买家可选择的范围越来越大,买家的忠诚度越来越低,即便是老买家,也会因为偶然一次的不让其满意的服务,从而选择其他网店。因此,如何稳定已有的老买家是许多网店需要面对和解决的问题。而根据买家关系管理的相关资料,更便于客服服务老买家。客服可以根据老买家的信息,制订一对一的个性化服务,提供更完善的服务,以降低老买家的流失率,增加老买家的黏性。

(3) 有利于开发新买家。

开发新买家也是拓展网店的另一条生命途径。买家是网店利润的来源,如何使新买家源源不断地补充进来,这也是网店最消耗财力和人力的一个问题。客服根据新买家的信息,可以初步分析买家的购买需求,向买家提供更加专业的购买建议、使用方法等温馨提示,这样可以拉近与新买家之间的距离,增强买家与网店之间的信任度,逐渐将新买家变为老买家。

(4) 有利于营销的有效实施。

无论是新买家还是老买家,他们都是市场中最根本、最积极、最活跃的因素,以买家为导向,其实就是以市场为导向。因此,以市场为导向的营销活动才是有价值的营销。客服根据已分析的买家资料,将新、老买家归纳整理,分别将适合的营销活动通过短信、电子邮件、千牛等方式在恰当的时间传达给相应的买家,这样才能使营销活动的利益最大化。

4. 如何进行买家关系管理与维护

1) 买家资料的整理和分析

简单来说,买家关系管理就是通过一些措施使网店与买家之间的关系更融洽,从而获得更多新、老买家的青睐,提升销售效率。例如,有买家来咨询,你能够迅速地了解到这个买家是新买家还是老买家,是重要的买家还是一般的买家等,了解了这些买家的信息,才能更好地提供服务,提高销售效率,获得更多盈利。那么如何进行买家关系管理呢?需要按照下面的几个步骤来进行操作。

（1）建立详细的买家档案。

当我们的买家越来越多时，我们需要建立完善的买家资料，不仅要记下买家买了什么，还要写下什么时候买的，使用感觉如何，是否满意，有哪些地方下次需要注意等信息，这样在买家再来时，我们就清楚地知道该怎样为这个买家服务了。一般来说，买家不是很多的情况下，通过 Excel 表格就能建立买家资料档案，如图 6-23 所示。

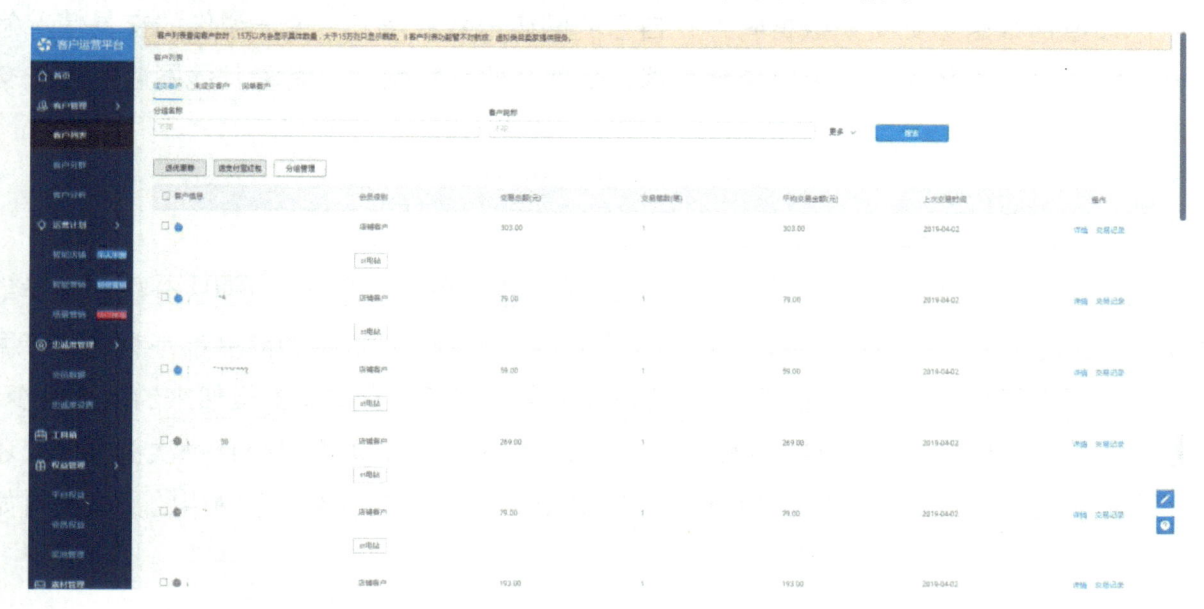

图 6-23　买家资料档案示例

如果买家比较多，可以借助专业的买家关系管理软件。现在网上有一些免费的买家关系管理软件，但是大多数比较实用的软件都是需要付费的。在千牛的买家运营平台中，网店经营者就能很好地管理自己的网店经营状况的数据，包括来往买家各方面的数据。千牛的买家运营平台界面如图 6-24 所示。

图 6-24　千牛的买家运营平台界面

历史交易数据很重要。有些用心的卖家,自网店成立之初就开始利用 Excel 收集买家信息,并把这些信息导入买家管理系统中,为自己进行后续的买家关系管理打好了基础。

> **课堂讨论**
>
> 你知道什么是历史交易数据吗?在自己的网店里找找看吧,说一说你的交易情况怎么样。如果自己的网店没有历史交易数据,就到其他购物网站上看看其他网店的历史交易数据。

(2)分析买家资料。

在对买家资料进行登记之后,就需要及时对这些信息进行分析,以便区分出不同类型的买家。通过买家资料不难发现,有些买家会定期来购物,且购买的商品都是有规律可循的;有些买家很长时间来一次,买的商品和数量也很随机;有些买家虽然来的次数很少,但是购买的商品价格很高;有些买家虽然经常来,但是每次都买得很少且每次都要讨价还价。针对不同的买家,要分析出他们的特点,找到合适的应对方案。某网店的买家资料如表6-1所示。

表 6-1 某网店的买家资料

买家名称	买家信用	购买记录	购买时间	价格/元	购买频率	购买趋势
stars_625	111	衬裙	2010.06.17 16:26:53	129	1次/星期,每次的购买量相对来说较多,商品价格较高	时尚衣裙、情侣用品
		文胸	2010.06.03 11:40:18	138		
		棉袜	2010.06.03 11:40:18	15		
		男士手表	2010.05.29 20:38:52	258		
		女士手表	2010.05.29 20:38:52	288		
小叮当	255	连衣裙	2010.06.17 21:26:53	28.8	5次/星期,购买量不多,但购买频率高	主要是女士用品,价格相对来说较低
		T恤	2010.06.16 21:37:28	24.8		
		吊带裙	2010.06.13 21:37:28	26.8		
		连衣裙	2010.06.11 21:37:28	43		
		吊带衫	2010.06.8 21:37:27	12.8		
123000	198	牛仔七分裤	2010.06.26 22:25:35	28	1次/星期,购买量不多	生活用品,价格不稳定
		钱包、卡包、手拎包	2010.06.13 22:44:45	368		
		搓泥浴宝	2010.06.11 18:01:46	11.8		
		外套	2010.05.29 13:59:44	80		
		树脂片	2010.06.20 12:30:46	180		
		指甲刀	2010.06.19 17:58:45	8		
		单只男士耳钉	2010.06.19 17:58:35	28		

（3）做好买家的细分。

对买家进行分析之后，找到每个买家的特色，就可以将具有相同特色的买家归为一种买家类型。如果这种类型还有更细致的区分，还可以进行二次细分。这样就可以为不同等级的买家提供差异化的服务。例如，普通买家、高级买家、VIP 买家、SVIP 买家，用享受不同折扣、对应不同的快递公司等措施对待不同级别的买家，使等级越高的买家和网店的黏性越高，体验度越好。

2）做好售后跟踪服务

对于网店来说，订单发出去之后，应该马上转到售后服务部，用短信告知买家货物已发出；对于已经建立起呼叫中心的卖家来说，要打电话通知买家，并告知买家一些签收的事项；对于超出预算时间还没发到的订单，要第一时间跟踪订单信息并通知买家，这样，买家在收到货物的时候就会觉得很温馨，感觉卖家很用心地在为他服务，潜意识中就会对网店增加好感。

在买家收到货物后，客服要先询问买家运输中有无损坏，对商品是否满意，不要急着催促买家确认收货和付款。

待买家确认收货付款，并给予好评后，并不意味着交易的真正结束，抓住这个买家，让他成为一位老买家，并带来新的买家群，才是此刻需要努力的地方。所以，要对这位买家进行售后回访，关注他的使用情况，让买家切实感受到售后服务的细致与周到，从而维护和买家之间的关系。可以根据商品的特点制订回访计划，如买家购买了一款化妆品，在买家收到时做一次回访，询问其是否满意，并告诉买家该化妆品使用的一些细节和注意事项，等买家使用一段时间后，再做一次回访，询问买家的使用效果，你的关心和亲切询问，总会给买家带来被关注和被重视的温馨感，这样买家体验无形中就提升了。

3）做好买家关怀

对于那些老买家，需要花一些成本来做好买家关系维护。开发一个新买家的成本远远要大于维护一个老买家的成本。网店花了大量的时间和成本来做各种促销活动、做商品宣传广告，就是为了开发尽量多的新买家。如果留不住这些买家，前期的投入就付之东流了。因此，我们应该想办法留住老买家，使他们成为我们网店的忠实粉丝。最好的办法就是对老买家进行买家关怀。那么如何进行买家关怀呢？以下是一些可供参考的方法和建议。

（1）实行会员制度。

会员制度目前已经被很多卖家所使用，虽然效果不一，却是不可否认的将新买家变成老买家的好方法。把新买家设置为会员，在之后的购物中给予其优惠，这样到他下次想买同一商品时，自然就会选择我们的网店。

> **案例分享**
>
> **会员卡的诱惑**
>
> 淘宝网上有一个茶叶网店，做到了五皇冠，但是好评率还能保持在100%。该网店有一款特别的宝贝，不是茶叶，也不是茶具，而是一张需要花30元购买的虚拟会员卡，这在网上并不多见。
>
> 从买家的角度来说，有了这张会员卡，买家可以直接享受会员的特殊待遇，如打折、送礼。
>
> 首先，出售会员卡可以赚一笔钱。30元一张，卖家设计了1000张，如果全部售完，就是30000元的纯收入。
>
> 其次，会员直接购物打折，这样一来，客服就省去了很多跟买家讨价还价的时间，提高了工作效率。
>
> 最后，可以刺激多次消费。网店有活动时，用信息告知买家，买家的回购率高。

（2）访问老买家。

想把新买家变成老买家，经常联系拜访是必需的，每到节日或者买家生日之类的特殊日子，一定要记得给买家发祝福信息，让他们感受到我们的真心、关怀和温暖，这样他们也会把我们记在心里，在他们需要购物时，就会自然地想起我们。长此以往，就可建立稳定的买家群。

对那些不经常购买商品的买家，我们可以发送有效信息，如哪天打折、有什么优惠活动等，与买家保持紧密的联系。有些人可能暂时不需要购物，或者这次他选择购买其他卖家的商品，只是到我们这里来比较一下的，但是下一次其他卖家缺货了，他第一个想到的就会是我们的网店。

（3）放弃挑剔型买家。

有些买家是挑剔型的，做买家关怀时，要果断放弃这部分买家。

（4）区别对待重要买家。

有些买家是高能买家，对你的网店有较高的忠诚度，其逛店频率和购买金额都较高，那么产品目录册可以着重派发给这些买家，打折力度也可以再大一些。

重要买家对附加值的需求远远大于对价格的需求，我们需要向其提供差异化的服务以体现其和其他买家的不同。例如，向他们提供旺季优先发货、所有订单包邮、节日固定短信祝福、上新货之前提前通知、稀缺宝贝预订服务等，有了这样的优厚待遇，相信他们很难会抛弃你的网店而去选择其他网店。

课堂讨论

你还有其他的方法可以促进买家关怀吗？请说一说。

本节任务

任务背景

你的箱包网店实行了会员制度，制度内容如下。

- 每年会员的生日你们都会发送生日祝福短信。
- 会员在生日当天购物打 8 折，如遇促销打折则以折扣低者为准。
- 会员平常购物都享受免费包邮服务。
- 有特殊促销活动的时候给会员更多的优惠和折扣。
- 提供优先发货的服务。

今年的情人节你的网店进行了促销活动，会员享受包邮和 7.5 折优惠（其他买家享受 8 折优惠，买两个以上的商品才能享受包邮）。同时这天也是 3 名会员的生日。

任务要求

4 人一组，1 人为卖家，3 人为买家。登录已经开设的玩具网店，完成实训，要求如下。

首先，卖家要用短信为这 3 位会员发送生日祝福及活动通告。

其次，每位买家收到短信之后要进行购物，完成交易，交易商品和数量不限。

最后，卖家要将本次的 3 位会员的交易历史记录在 Excel 表中，并进行分析，找出他们购物的特点。

完成之后，教师选出一些案例来进行点评，指出模拟中存在的优点和缺点。

课后思考与练习

一、名词解释

买家关系管理　买家关怀　买家分析　买家细分　买家跟踪

二、判断题

1. 建立完善的买家资料，不管买家数量多少，使用 Excel 表格完全可以解决。
（　　）

2．分析买家时，要注意分析购买次数、购买金额、购买习惯等。　　　（　　）

3．买家都是要来买东西的，要一视同仁，没必要对买家进行细分、区别对待。

（　　）

4．既然是老买家，已经对网店认可了，不用经常回访，以免买家反感。　（　　）

三、简答题

1．应该怎样做好买家关系管理？举例说明。
2．应该怎样做好买家关怀？举例说明。
3．为什么维护老买家比开发新买家更节省成本？

项目实训

儿童玩具网店买家关系的管理

实训目标

1．能够正确使用买家服务工具进行买家沟通。
2．能够及时、正确地处理买家的咨询及投诉。
3．能够积极处理买家的各种评价。
4．能够对买家的信息进行管理，并对买家关系进行维护。

项目背景

今天有 3 个买家光临你的玩具网店，其中买家 A 是老买家，一个月前买了一款价格不菲的玩具，买家 B 和 C 都是新买家，他们分别对玩具进行了咨询。咨询内容如下。

买家 A 表示想给自己的小外甥女买一个玩具当礼物，他的外甥女只有一岁，还不会说话，希望玩具能帮助她学习语言，他对价格没有要求，但是包装一定要好。

买家 B 表示自己的儿子刚刚 3 岁，希望能买一个既好玩又能够开发智力的玩具，但是要求价格不能太高，如果价格合适他可以考虑多买一些。

买家 C 看中了一款积木，但是不知道这个积木的质量有没有保证（之前他买过类似的积木，质量不好），而且要求搭建起来不要太复杂，因为他的孩子只有两岁半。他还很关心是否送货上门，因为他家比较偏远。

你非常耐心地帮助买家了解情况，之后每个买家都买到了自己中意的商品。买家 A 购买了一款价格较高的有自动语言功能的玩具娃娃，买家 B 购买了 3 款不同的智力玩具，但价格都不是很高，买家 C 购买了自己咨询的那款玩具。

一周之后，买家 A 和 B 都给你满分好评，只有买家 C 给了差评，他在评价中表示产品没有咨询的时候说得那么好，有一块积木还掉色。你积极处理了 3 个人的评价。

之后你开始对这 3 个买家进行信息整理，并分别列出了不同的买家维护方案。

实训任务

1. 登录儿童玩具网店。
2. 用千牛与买家进行沟通，同时解决多个买家的咨询和疑问。
3. 完成交易，并安排发货。
4. 3 个买家做出评价之后，按照要求对不同的买家进行评价回复，并尽量采取措施挽救差评。
5. 列出自己的 3 个买家的购物信息表，并对这 3 个买家进行分析，列出不同的维护方案。

实训安排

1. 分组，每 4 人为一个小组。
2. 每小组 1 人饰演客服，3 人饰演买家。
3. 两个小组在完成任务的过程中相互观察，最后相互评价，进行评分。注意在评分的过程中不要向对方小组泄露每项分数。
4. 小组拿到自己的评估结果之后，看看自己存在哪些不足，哪些是自己认可的，哪些是不认可的。对于那些不认可的地方要与对方小组进行沟通讨论。
5. 教师评选出最优秀的小组进行展示。

实训评估

实训日期		观察小组人员		实训小组人员	
考 核 指 标			评　　分		得分
专业技巧考评	处理买家咨询	态度真诚	10 分/8 分/6 分/3 分/0 分		
		处理速度	10 分/8 分/6 分/3 分/0 分		
		处理技巧	10 分/8 分/6 分/3 分/0 分		
		工具使用	10 分/8 分/6 分/3 分/0 分		
	处理买家评价	流程合理	10 分/8 分/6 分/3 分/0 分		
		态度真诚	10 分/8 分/6 分/3 分/0 分		
		处理技巧	10 分/8 分/6 分/3 分/0 分		
		沟通技巧	10 分/8 分/6 分/3 分/0 分		
	处理买家投诉	态度真诚	10 分/8 分/6 分/3 分/0 分		
		处理速度	10 分/8 分/6 分/3 分/0 分		
		处理技巧	10 分/8 分/6 分/3 分/0 分		
		处理及时	10 分/8 分/6 分/3 分/0 分		

续表

实训日期		观察小组人员		实训小组人员	
考 核 指 标			评 分		得 分
专业技巧考评	买家关系管理	表格记录	10分/8分/6分/3分/0分		
		分析过程	10分/8分/6分/3分/0分		
		方案合理	10分/8分/6分/3分/0分		
态度考评		态度良好	10分/8分/6分/3分/0分		
		分工合理明确	10分/8分/6分/3分/0分		
说 明			总 分		
10分表示非常合格，8分表示合格，6分表示一般，3分表示不合格，0分表示非常不合格。满分为10分，6分及格。在"有待改进之处"填写详细的信息			有待改进之处		

本项目知识回顾

本项目主要学习了如何使用买家沟通工具与买家进行沟通，解决买家的咨询和投诉，处理买家的评价内容，以及如何对买家的信息进行记录和整理分析，如何给出合理的买家关系管理和维护的方案。

与买家进行有效的沟通是网店交易最重要的工作内容之一。无论是哪一种买家，无论其需求是否强烈，我们都应该在开始就积极与之沟通，了解买家的基本信息和基本要求。在沟通中不仅要把握买家的需求，还要积极向买家推广自己的网店和商品，并记录买家的关键信息。在沟通的开始，应该识别该买家是新买家还是老买家等。

因此，识别买家并针对不同的买家进行不同的沟通是很必要的。买家关系的管理和维护是一个很重要的模块。本项目只是泛泛涉及一些内容，我们应该主动寻找更多的管理买家的方法，做到更有效地管理和维护买家关系。无论是线上还是线下的交易，买家永远是第一位的，培养忠诚的老买家是重中之重。

营销可以帮助我们吸引很多新买家，买家服务可以紧紧抓住这些买家，使他们成为我们的忠诚买家。

思考：

通过本项目的学习，你有哪些心得体会？

反侵权盗版声明

电子工业出版社依法对本作品享有专有出版权。任何未经权利人书面许可，复制、销售或通过信息网络传播本作品的行为；歪曲、篡改、剽窃本作品的行为，均违反《中华人民共和国著作权法》，其行为人应承担相应的民事责任和行政责任，构成犯罪的，将被依法追究刑事责任。

为了维护市场秩序，保护权利人的合法权益，我社将依法查处和打击侵权盗版的单位和个人。欢迎社会各界人士积极举报侵权盗版行为，本社将奖励举报有功人员，并保证举报人的信息不被泄露。

举报电话：（010）88254396；（010）88258888

传　　真：（010）88254397

E-mail：dbqq@phei.com.cn

通信地址：北京市万寿路 173 信箱
　　　　　电子工业出版社总编办公室

邮　　编：100036